Chuck Cohen

Wurzeln unseres Glaubens

».. . ich . . . diene dem Gott meiner Väter . . ., indem ich allem glaube, was in dem Gesetz und in den Propheten geschrieben steht . . .« Apg 24,14

Verlag der
Liebenzeller Mission
Lahr

Die Bibelzitate in dieser Veröffentlichung sind – wenn nicht anders angegeben – der Revidierten Elberfelder Bibel entnommen.
Einige Bibelzitate wurden ganz oder teilweise aus dem Englischen übersetzt; dabei lagen dem englischen Originaltext entweder die New King James Version [NKJV] oder die King James Version [KJV] zugrunde.

Die Deutsche Bibliothek – CIP-Einheitsaufnahme

Cohen, Chuck:
Wurzeln unseres Glaubens / Chuck Cohen. [Aus dem Engl. von Hans-J. und Elke Molzahn]. – Bad Liebenzell : Verlag der Liebenzeller Mission, 1997
(TELOS-Bücher ; Nr. 1370 : TELOS-Paperback)
ISBN 3-88002-645-9

Die englische Originalausgabe erschien unter dem Titel »Roots of our Faith« und wurde bei »Christian Friends of Israel«, Jerusalem/Israel, veröffentlicht.
© Copyright der englischen Originalausgabe 1995 by »Christian Friends of Israel«, Jerusalem/Israel
Aus dem Englischen von Hans-J. und Elke Molzahn

ISBN 3-88002-645-9

Alle Rechte vorbehalten, auch der auszugsweisen Wiedergabe und Fotokopie
© Copyright 1997 by Edition VLM im Verlag der St.-Johannis-Druckerei
Umschlaggestaltung: Grafisches Atelier Albrecht Arnold, Dettingen Erms
Gesamtherstellung: St.-Johannis-Druckerei, 77922 Lahr
13221/1997

Inhaltsverzeichnis

Vorwort

Man sagt von einem guten Buch:»Ich konnte es nicht aus der Hand legen.«Einige in der heutigen Gemeinde möchten vielleicht diese Artikelserie über»jüdische Wurzeln« beiseite legen oder versuchen, ihr auszuweichen. Wir sind jedoch davon überzeugt, daß das Alte Testament das Fundament des Neuen Testaments ist. Wenn das Fundament eines Hauses nicht»lotrecht, rechtwinklig und eben« gelegt wird, wird das Haus verzogen, schief und schräg sein oder»geistlich ungesund«. Einige Äußerungen über Israel und die jüdischen Wurzeln haben uns erschüttert durch die Tatsache, wie unwissend weite Teile der Gemeinde hinsichtlich ihres»jüdischen« Fundamentes sind.

Wir danken Chuck Cohen für seine intensive Arbeit beim Erforschen der Schrift und dafür, daß er uns ein solides biblisches Wissen vermittelt über unbestreitbare Tatsachen unseres jüdischen Erbes und dabei grundlegende Lehren des christlichen Glaubens erläutert. Diese Aufzeichnungen sind ein Weckruf für die Gemeinde, damit wir anfangen zu bedenken, was wir dem jüdischen Volk schulden. Sie sollten ihren Platz in unseren Bibliotheken und Gemeinden haben. Viele von uns halten sich selbst für christliche Freunde Israels, aber oftmals gibt es weiße Flecken in unserer Sichtweise über das jüdische Volk. Wir glauben, daß die Botschaft dieses Buches uns besser zurüsten wird, dafür zu beten und zu wirken, in dieser Endzeit an der Seite Israels und des jüdischen Volkes zu stehen.

Ray und Sharon Sanders
Christian Friends of Israel, Jerusalem

Danksagung

Wir geben Gott alle Ehre und alles Lob für seine mächtige Gnade und seine wunderbare Barmherzigkeit uns gegenüber. Wir möchten »Christian Friends of Israel« Dank sagen: Ray und Sharon Sanders und ihren treuen Mitarbeitern, insbesondere Liz und Marita für ihre Liebe, Unterstützung und ihr Sehnen, unser Volk zur Eifersucht zu reizen. Wir möchten auch der »King of Kings Assembly«-Gemeinde, Pastor Wayne Hilsden und den Mitarbeitern danken für ihre unermüdliche Ermutigung, Liebe und Hilfe.

Einleitung

Gottes Schalom sei mit Ihnen aus Jerusalem. Dieses Buch wurde
geschrieben, um dem weltweiten Leib des Messias zu helfen, in
die Grundlagen unseres Glaubens eingewurzelt und auf sie gegründet zu werden. Nur eingewurzelt können wir in diesen letzten
Tagen feststehen in seinem Wort und Frucht bringen zur Ehre
Gottes, unseres Vaters.

Alle grundlegenden Lehren des Neuen Testaments haben tief-
reichende Wurzeln im Tenach; daher ist es für ein umfassenderes
Verständnis dieser Lehren wichtig, daß wir in ihrem hebräischen
Boden graben. Von deren biblischem Hintergrund waren Herz und
Denken Jeschuas und der Schreiber des Neuen Testaments durch-
drungen. Allein auf diesem Fundament aufbauend, konnte der
Geist Gottes diese Männer darin gebrauchen, die wahre Bedeu-
tung des Gesetzes Gottes zu erklären bzw. es zu »erfüllen«.

Chuck Cohen, Jerusalem/Israel

Verwendete messianische Begriffe:
Messias = *Christus*
Jeschua = *Jesus*
Tenach = *Altes Testament*

I. Ist das Alte Testament heute noch das Wort Gottes?

Die Heilige Schrift enthält Warnungen, daß in den letzten Tagen viele Täuschungen und Winde von falschen Lehren gegen die Gemeinde Jeschuas wehen würden. In Römer 11 beschreibt Paulus die Christen als Teil eines Ölbaums. Da dies der Fall ist, müssen wir tiefe Wurzeln entwickeln. Ein Baum ohne ein gut entwickeltes Wurzelsystem wird durch heftige Winde leicht gefällt. Deshalb laßt uns – um nicht von jedem Wind der Lehre schwankend gemacht zu werden – dem Heiligen Geist erlauben, die Wurzeln unseres Glaubens zu stärken, sowohl in unserer Theologie als auch in unserem täglichen Wandel.

Wenn wir uns selbst als Ölbaum sehen, dann ist der Geist Gottes der lebenspendende Saft, der Nahrung und Wasser aus unseren Wurzeln im Tenach zu den fruchttragenden Zweigen des neutestamentlichen Leibes bringt. Ein entwurzelter Baum ist von seiner Lebensquelle abgeschnitten. Leider widerspiegelt ein entwurzelter Baum den traurigen Zustand eines Großteils der organisierten Kirche im Laufe der Geschichte. Viele alte und sich wieder erhebende Ketzereien, wie Gnostizismus und Ersetzungs›theologie‹, entspringen einem Mißverstehen oder einem Mißbrauch des Wortes Gottes im Tenach. Daher ist es von äußerster Wichtigkeit, die bleibende Gültigkeit des Alten Testaments für unseren heutigen Wandel mit Gott anzuerkennen, um uns in biblischer Ausgewogenheit zu bewahren.

Es gilt zu bedenken: Als unser Messias auf der Erde wandelte, gab es kein Neues Testament! Als Petrus zu den Juden am Pfingsttag (Schavuot) predigte, predigte er vom Tenach her! Als Jeschua Satan in der Wüste besiegte, zitierte er dreimal das ›Gesetz des Mose‹ (5. Buch Mose), und der Teufel floh! Als Paulus den Nichtjuden predigte, benutzte er den Tenach. In der Tat benutzte oder bezog sich Paulus im Römerbrief etwa sechzigmal auf Verse aus dem Alten Testament als Beweisstellen, um die Gültigkeit neutestamentlicher Lehren zu begründen. Dies bedeutet, daß die Grundlage für Paulus' Lehre und Offenbarung über den Messias sich im Tenach befand.

Vertrauen wir wirklich auf dieselben Schriften, auf die Jeschua, die Apostel und die frühen Gläubigen ihren Glauben gründeten? Wenn der Tenach damals das Wort Gottes war, ist er auch heute noch das Wort Gottes? Ist er genauso das Wort Gottes für uns heute wie das Neue Testament?

Die Antworten auf diese Fragen müssen in unserem Verstand und in unserem Herzen entschieden werden, damit wir die vollständige Offenbarung seiner selbst, die Gott uns gegeben hat, verstehen. Wie oft haben wir jemanden sagen hören oder selbst gesagt:»Ich bin ein neutestamentlicher Gläubiger«? Wir persönlich ziehen es vor, nicht darauf zu bestehen, von unseren Wurzeln abgetrennt zu sein! Wir sind bibelgläubig. Wir erkennen an, daß die geschriebene Offenbarung Gottes bei 1Mose 1,1 beginnt und fortschreitet bis zum Ende des Buches der Offenbarung. Wenn 1Mose 1,1 nicht tatsächlich der Zeltpflock unseres Glaubens ist – d.h. Glaube an Gott, der der Schöpfer von allem ist –, dann ist alles, was wir ansonsten glauben, auf Sand gebaut!

Wir betrachten nun folgende Verse und berücksichtigen dabei, daß das Neue Testament sich auf das Alte Testament bezieht, wenn es den Begriff ›Schrift‹ benutzt:

Joh 10,35: »... *die Schrift kann nicht aufgelöst werden ...*«

Joh 5,39: »*Ihr erforscht die Schriften, denn ihr meint, in ihnen ewiges Leben zu haben, und sie sind es, die von mir zeugen.*«

2Tim 3,16–17: »*Alle Schrift ist von Gott eingegeben und nützlich zur Lehre, zur Überführung, zur Zurechtweisung, zur Unterweisung in der Gerechtigkeit, damit der Mensch Gottes vollkommen sei, zu jedem guten Werk völlig zugerüstet.*«

Hier sind zwei grundlegende Fragen zu beantworten, die uns von der Wahrheit gänzlich überzeugen werden, daß der Tenach immer noch Gottes Wort für uns heute ist: 1. Welche Sicht hat das Neue Testament vom Tenach? 2. Wie sah Jeschua den Tenach?

1. Welche Sicht hat das Neue Testament vom Tenach?

Gemäß Walter Kaiser jun. – in seinem ausgezeichneten Buch ›The Uses of the Old Testament‹ [›Der Gebrauch des Alten Testaments‹] (S. 2–3) – gibt es nahezu 300 Verse, die direkt zitiert werden, ferner 200, die nicht anerkannt sind, und 1100 Verse, die in umschriebener oder paraphrasierter Weise aus dem Tenach im Neuen Testament zitiert werden. So findet man ungefähr 1600 Verse im Neuen Testament – zur Lehre, zur Unterweisung und Ermutigung, zur Warnung und zur Beweisführung, daß Jeschua der Messias ist –, die dem Alten Testament entnommen wurden.

Das Neue Testament nimmt keine Unterscheidung vor zwischen dem, was Gott sagt, und dem, was der Tenach sagt. Wenn der Tenach etwas darlegt, dann nehmen die Schreiber des Neuen Testaments an, daß es Gott selbst ist, der das darlegt; selbst wenn es ihm nicht direkt zugeschrieben wird. Hierzu ein paar Beispiele: In Apg 4,24–25 beten die Apostel: *»Herrscher, du bist es, der du . . . durch . . . den Mund . . . deines Knechtes David gesagt hast: ›Warum toben die Nationen . . .?‹«* Sie denken an Psalm 2, der von David geschrieben wurde. Sie nehmen richtigerweise an, daß Gott selbst es war, der dies schrieb durch David, seinen Diener.

Paulus stellt in Gal 3,8 fest: *»Die Schrift aber, voraussehend, daß Gott die Nationen aus Glauben rechtfertigen werde, verkündigte dem Abraham die gute Botschaft voraus: ›In dir werden gesegnet werden alle Nationen‹.«* Paulus behauptet, daß die Schrift dies sagt, während es im ursprünglichen Bericht (1Mose 12,1–3) Gott selbst ist, der spricht. Hier noch weitere Beispiele: Mt 19,4–5 mit 1Mose 1,27; 2,23–24; Röm 9,17 mit 2Mose 9,16.

Wir haben bereits 2Tim 3,16–17 erwähnt; diese Verse stellen **die** Aussage im Neuen Testament dar hinsichtlich der Bedeutsamkeit des Tenach für Gläubige. Begreifen wir wirklich, was Gottes Geist hier sagt über den Nutzen des »Alten Testaments«? Laßt uns diesen Vers ausführlich untersuchen.

»Alle Schrift ist von Gott eingegeben und nützlich zur Lehre, zur Überführung, zur Zurechtweisung, zur Unterweisung in der Gerechtigkeit, damit der Mensch Gottes vollkommen sei, zu jedem guten Werk völlig zugerüstet.«

»Alle Schrift . . .« muß sowohl das Alte als auch das Neue Testament einschließen.

»Alle Schrift ist von Gott eingegeben . . .« bedeutet: Sie ist von Gott eingehaucht durch den Heiligen Geist (2Petr 1,20–21) und ist genauso richtig, als hätte Gott selbst die Schreibfeder benutzt.

»Alle Schrift ist . . . nützlich zur Lehre . . .« ›Nützlich‹ bedeutet ›brauchbar‹; ›Lehre‹ bedeutet ›belehren‹. Paulus ermutigt die Gemeinde, den Tenach zu studieren, damit sie Lehr- und Belehrungsmaterial erlangt! Er wußte, wir können keine zuverlässige Lehre haben ohne diesen Teil des Wortes Gottes. Wir können z.b. die Errettung und das, was am Kreuz geschah, nicht vollständig verstehen, ohne 3Mose 16 (*Jom Kippur*: Versöhnungstag), Jesaja 53 (der leidende Knecht) und viele andere Bilder im Tenach, die Golgatha gänzlich offenbaren.

». . . nützlich [brauchbar] *zur Überführung* [Ermahnung] *. . .«* Dies ist ein Akt der Barmherzigkeit Gottes (vgl. Spr 1,23; 3,11–12). Hat Gott uns schon jemals gerügt, weil wir den Tenach benutzt haben?

»nützlich zur . . . Zurechtweisung . . .« ›Zurechtweisung‹ bedeutet buchstäblich: Wiederherstellung zu einer aufrechten Position oder einem richtigen Zustand; ein Geraderücken dessen, was verbogen oder verdreht worden ist. Der Tenach kann als Werkzeug in der Hand Gottes benutzt werden, um uns ihm gegenüber wiederherzustellen, nachdem wir gesündigt haben.

». . . nützlich zur . . . Unterweisung in der Gerechtigkeit . . .« Dies beschreibt die Unterordnung eines Schülers unter die Unterweisung, die von einem Lehrer gegeben wird. Es beinhaltet ein Wachsen von der Kindheit zur Reife, von der Schwachheit zur Stärke. Beachten wir ebenfalls, daß diese Gerechtigkeit eine Gerechtigkeit aus Glauben ist. Das Neue Testament benutzt ständig Heilige und/oder Verse aus dem Alten Testament, um zu belegen, daß *»der Gerechte . . . aus Glauben leben«* wird; ein Vers, der ursprünglich in Hab 2,4 steht. (Vgl. Röm 1,16–17; Gal 3,11; Hebr 10,38; ferner Röm 4,3 und 10,5–6.) In Röm 10,6–8 benutzt Paulus 5Mose 30,12–14, um die *»Gerechtigkeit aus Glauben«* zu beschreiben.

». . . damit der Mensch Gottes vollkommen [reif] *sei, zu jedem guten Werk völlig zugerüstet.«* Für einen Wiedergeborenen gehört

zu geistlicher Reife das Verstehen des Tenach. In 2Tim 3,14–15 ermutigt Paulus den Timotheus fortzufahren, *»in dem, was du gelernt hast.«* Dies beinhaltet *»die heiligen* Schriften [des Paulus Bezeichnung für das Alte Testament] . . ., *die Kraft haben, dich weise zu machen zur Errettung durch den Glauben, der* . . . [im Messias Jeschua] *ist.«* Menschen können errettet werden, indem sie Gottes Wort im Tenach lesen und/oder hören und erkennen, daß Jeschua der verheißene Messias ist! Wir können das Evangelium aus dem Alten Testament predigen, genauso wie Petrus am Pfingsttag! Kann man die Evangeliumsbotschaft von Jeschua, dem Messias, präsentieren, indem man allein den Tenach benutzt? Es ist erstaunlich, wie viele jüdische Menschen den Schriften aus »ihrer« Bibel zuhören werden (vgl. Apg 28,23).

2. Wie sah Jeschua den Tenach?

Jeschua betrachtete den Tenach als das Wort Gottes. In Mt 5,17–18 warnt er uns davor, auch nur zu *denken,* daß er gekommen sei, den Tenach abzuschaffen. Er erklärt, daß dieser als Gottes Wort bestehen bleibe, bis alles erfüllt sei; das bedeutet, bis es einen neuen Himmel und eine neue Erde gibt (Jes 65,17).

In Mk 7,1–13 verweist Jeschua auf ein ernsthaftes Problem bei der Haltung der Pharisäer gegenüber Gottes Wort. In den Versen 7–10 klagt er sie an, menschliche Überlieferungen zu lehren, die den Geboten Gottes entgegenstehen: *»Trefflich hebt ihr das Gebot Gottes auf . . .«* Auf welche Weise mögen wir in der Gemeinde des gleichen Tatbestandes schuldig sein? Hier sind weitere Verse, in denen Jeschua sagt, daß der Tenach Gottes Wort ist:

Mk 12,24: *». . . [Jeschua] sprach zu ihnen: Irrt ihr nicht deshalb, weil ihr die Schriften nicht kennt und nicht die Kraft Gottes?«* Mk 12,36: *»David selbst hat im Heiligen Geist gesagt . . .«*
Lk 16,29–31: *»Abraham . . . spricht zu ihm: Sie haben Mose und die Propheten, mögen sie sie hören . . . Wenn sie Mose und die Propheten nicht hören, so werden sie auch nicht überzeugt werden, wenn jemand aus den Toten aufersteht.«*
Joh 10,35: *». . . und die Schrift kann nicht aufgelöst werden . . .«* Jeschua gebrauchte den Tenach auch, um Argumente zu

untermauern. In Mt 12,1–7 – als einige Pharisäer sahen, daß seine Jünger am Sabbat Ähren abrissen zum Essen – reagierte Jeschua mit dem Hinweis auf die Geschichte, in der David die Schaubrote dafür verwandte, seine hungrigen Männer zu speisen. Vergleiche auch Mt 21,15–16; 22,29–46; Joh 5,39.45–47. Jeschua glaubte Gottes Tenach! Als er von Satan in der Wüste versucht wurde, verteidigte er sich, indem er Verse aus dem fünften Buch Mose zitierte. Jeschua gebrauchte tatsächlich »das Gesetz des Mose« als Schwert, um den Feind zu besiegen (Lk 4,1–13)!

Seine Lehre verwandte oft Zitate aus dem Tenach, sowohl direkt als auch indirekt. Zum Beispiel ist seine Lehre über seine Wiederkunft (Mt 24,29–31) vielen Schriftstellen aus dem Tenach entnommen: Jes 53,10; 35,4; Dan 7,13; Sach 12,10; Jes 27,13; 5Mose 30,4 und Sach 3,6. Sogar seine ethischen Lehren wurzeln in demselben Boden. Mt 7,12 und 19,16–19 sind klassische Beispiele.

Schließlich hing die Grundlage seiner eigenen Rolle als Messias gänzlich von der Überzeugung ab, daß er den Tenach erfüllen mußte. Es gibt so viele Schriftstellen in den Evangelien, die das untermauern; wir wollen lediglich drei zitieren und einige auflisten. In Mt 11,3–6 bejaht Jeschua die Frage Johannes des Täufers, ob er derjenige sei, der kommen solle und trägt Johannes' Jüngern auf, zu berichten, welche Werke sie ihn tun sehen – Werke, die in einigen Prophetien Jesajas aufgezählt werden: 29,18–19 und 35,5–6. In Lk 4,16–19 kündigte Jeschua seinen Dienst in einer Synagoge an und zitierte dabei Jes 61,1–2. Dann fügte er hinzu: »Heute ist diese Schrift vor euren Ohren erfüllt« (Lk 4,21). Und in Joh 5,39 legt Jeschua dar, daß wir in den Schriften [dem Alten Testament] forschen müssen, denn »sie sind es, die von mir zeugen«. Genau dorthin verweist er uns als Beweis seiner Messiasschaft. Hier noch einige von vielen weiteren Beispielen: Mt 22,41ff.; 23,37–39; 26,24; 27,46; Lk 12,49–53; 18,31–34; 22,22.37; 24,25–27.44–49.

Schlußbetrachtung

Es bestehen keinerlei Zweifel: Die Schreiber des Neuen Testaments betrachteten das Alte Testament als das Wort Gottes und als immer noch gültig für sie in ihrem Wandel mit dem Herrn. Es existiert nicht eine Predigt oder Lehrbotschaft im Neuen Testament, der eine solide lehrmäßige Grundlage im Tenach fehlte. Dort wurde der Same gelegt, der Baum gewässert und vom Unkraut befreit, beschnitten und behütet bis zur Erfüllung der Zeit. Dann war die Frucht reif, und unser Messias erschien – als »*ein Licht zur Erleuchtung der Nationen und zur Herrlichkeit deines Volkes Israel.*« (Lk 2,32)

II. Das Wesen Gottes im Alten Testament

Wir untersuchen nun einige Lehren, welche Jeschua-Gläubige als wesentlich für das Evangelium ansehen, und zeigen auf, daß man die Wurzeln dieser Lehren im Tenach findet. Selbstverständlich anerkennen wir die Wahrheit der ›fortschreitenden Offenbarung‹, nämlich daß Gott mehr von seiner Offenbarung gegenüber seinem Volk enthüllt hat im Verlauf der Vervollständigung der Heiligen Schriften. Dies hebt jedoch die Tatsache nicht auf, daß gewisse Gedanken bereits früh in der Geschichte geoffenbart wurden. Walter Kaiser jun. macht in seinem Buch ›Toward an Old Testament Theologie‹ [›Hin zu einer Theologie des Alten Testaments‹] folgende Beobachtung:»Dann und wann . . . gestattete das historische Voranschreiten die volle Ausreifung eines Aspekts der Schrift, und zu solchen Zeitpunkten versetzt uns der [Bibel-]Text in Erstaunen dadurch, wie der Sinngehalt und die Lehre unsere Erfahrungen und die Zeiten überholen« (S.8f.). Unsere Hauptbetonung liegt darauf, daß alle bedeutenden Lehren des Evangeliums, die wir im Neuen Testament vorfinden, ihre Wurzeln im Alten Testament haben.

Dieses zweite Kapitel wird das Wesen Gottes erforschen. Mal 3,6 stellt fest:»Nein, ich der HERR, ich habe mich nicht geändert«. Wenn dies wahr ist, dann **muß** die Offenbarung seines Wesens und seiner Person durch seinen Sohn Jeschua und durch das Neue Testament (Joh 1,14.18; Kol 1,15–19; Hebr 1,1–3) tiefe Wurzeln im Tenach haben.

1. Gott ist Liebe (1Joh 4,8.16)

Der wahrscheinlich gebräuchlichste Ausdruck, den Gläubige benutzen, um den Kern der guten Nachricht gegenüber Ungläubigen auszudrücken, lautet:»Gott liebt dich!« Dies ist eine gewaltige Wahrheit, die in ihrer ganzen Fülle im Neuen Testament ausgebreitet wird. Aber es betrübt zu hören, wie Gläubige von dem ›Gott der Liebe‹ im Neuen Testament in Gegenüberstellung zu dem

›Gott des Gerichts‹ im Tenach sprechen. Das ist so, als könnten einige nicht glauben, daß er derselbe Gott ist, derselbe Gerechtigkeit liebende Vater vom ersten Buch Mose bis zum Buch der Offenbarung. In der Tat behaupteten im 2. Jahrhundert gewisse Sekten – insbesondere der Marcionismus und auch der Gnostizismus, die als Ketzer identifiziert wurden –, daß der Gott des Tenach gegenüber dem Gott des Neuen Testaments anders und geringer sei. Auch heute noch sind Menschen, die mit dem Tenach nicht vertraut sind, anfällig für diese Ketzereien.

Es ist wichtig, daß wir es vermeiden, Gott in verschiedene Charakteristika seines Wesens zu zerlegen. Wie A.W. Tozer es ausdrückt in seinem sehr empfehlenswerten Buch ›The Knowledge of the Holy‹ [›Die Erkenntnis des Heiligen‹]: »Die Worte ›Gott ist Liebe‹ bedeuten, daß ›Liebe‹ eine wesentliche Eigenschaft Gottes ist. ›Liebe‹ ist etwas Wahres von Gott, aber sie ist nicht Gott. Sie drückt die Art aus, wie Gott in seinem Sein als Einheit ist, wie es ebenfalls die Worte ›Heiligkeit‹, ›Gerechtigkeit‹, ›Treue‹ und ›Wahrheit‹ tun. Weil Gott unveränderlich ist, handelt er immer wie er selbst; und weil er eine Einheit ist, setzt er niemals eine seiner Eigenschaften außer Kraft, um eine andere auszuüben.« (S.105)

Daher müssen wir das Wirken seiner Liebe sogar noch inmitten seines Gerichts sehen. Dies wird deutlich, wenn wir erkennen, daß der Herr zehn Plagen über Ägypten sandte (er hätte Israel sofort herausreißen können), **um den Ägyptern eine Chance zu geben, zu erkennen, daß der HERR Gott ist** und zugleich, um den Glauben seines Volkes zu mehren. 2Mose 7,5: »*Und die Ägypter sollen erkennen, daß ich der HERR bin, wenn ich meine Hand über Ägypten ausstrecke und die Söhne Israels aus ihrer Mitte herausführe.*« (Vgl. auch 2Mose 7,16–17; 8,19.22; 9,14–16.20.29; 10,1–2; 11,7; 14,4.18.31)

Wenn unser Gott »*derselbe gestern, heute und in Ewigkeit*« (Hebr 13,8) ist, dann ist er ein Gott der Liebe im Tenach wie auch im Neuen Testament; und ebenfalls ein Gott des Gerichts im Neuen Testament wie auch im Tenach. Bevor wir die Schriftstellen im Tenach bezüglich seiner Liebe nachschauen, betrachten wir diese Verse aus dem Neuen Testament bezüglich seines Gerichts. Er ist derselbe Gott in **allen** Schriften.

Mt 10,28: *»Und fürchtet euch nicht vor denen, die den Leib töten, die Seele aber nicht zu töten vermögen; fürchtet aber vielmehr den, der sowohl Seele als Leib zu verderben vermag in der Hölle.«* Im Gegensatz zu einigen Auslegungen, die wir über diesen Vers gehört haben, fordert Jeschua seine Nachfolger **in der Tat** auf, Gott zu fürchten. Dies stimmt überein mit vielen Geboten im Tenach, welche zur Furcht des HERRN auffordern. Hier einige Beispiele: 5Mose 5,29; Jos 24,14; 1Sam 12,14; Ps 2,11; 19,10; 85,10; Spr 1,7; Pred 12,13; Jes 8,13; Mal 3,16.

Apg 5,1–11 berichtet von Gottes Gericht des Todes über Ananias und Saphira, weil sie den Heiligen Geist belogen. Das hatte zur Folge, daß *»große Furcht über die ganze Gemeinde (kam) und über alle, welche es hörten«* (V. 11).

2Kor 5,10–11: *»Denn wir müssen alle vor dem Richterstuhl . . . [des Messias] offenbar werden, damit jeder empfange, was er durch den Leib ⟨vollbracht⟩ . . . Da wir nun den Schrecken des Herrn kennen, so überreden wir Menschen . . .«* Das griechische Wort, das mit ›Schrecken‹ übersetzt wurde, lautet ›phobos‹, davon ist ›Phobie‹ abgeleitet. Es bedeutet buchstäblich: »in Furcht versetzt werden, Angst oder Schrecken; übermäßig furchtsam oder erschrocken.« (Strong's Concordance)

Hebr 10,30–31: *»Denn wir kennen den, der gesagt hat: ›Mein ist die Rache, ich will vergelten‹; und wiederum: ›Der Herr wird sein Volk richten.‹ Es ist furchtbar, in die Hände des lebendigen Gottes zu fallen!«* Hebr 12,29: *»Denn auch unser Gott ›ist ein verzehrendes Feuer‹.«*

Offb 2,23: *»Und ihre Kinder werde ich mit dem (Pest-)Tod töten, und alle Gemeinden werden erkennen, daß ich es bin, der Nieren und Herzen erforscht . . .«* Es ist das sanfte Lamm Gottes, unser Herr Jeschua, der dieses Ultimatum stellt.

Offb 3,16: *». . . weil du lau bist . . ., werde ich dich ausspeien aus meinem Munde.«*

Diese neutestamentlichen Verse offenbaren klar Gottes Gerechtigkeit und Gericht. Aber wird seine Liebe genauso deutlich im Tenach gezeigt wie seine Gerechtigkeit im Neuen Testament? Hier folgen einige Schriftstellen aus dem Tenach über Gottes Liebe.

In 5Mose 7,7–13 macht der HERR – durch Mose sprechend –

diese schöne Aussage gegenüber Israel, als sie kurz davor stehen, das verheißene Land zu betreten:

»Nicht weil ihr mehr wäret als alle Völker, hat der HERR sich euch zugeneigt und euch erwählt – ihr seid ja das geringste unter allen Völkern –, sondern wegen der Liebe des HERRN zu euch, und weil er den Eid hielt, den er euren Vätern geschworen . . .«

Mose fährt fort, wenn Israel auf alles hört und alles tut, was der HERR gebietet, dann *»wird der HERR, dein Gott, dir den Bund und die Güte bewahren, die er deinen Vätern geschworen hat. Und er wird dich lieben und dich segnen . . .«* Diese Aussage ist Teil des ›Gesetzes des Mose‹.

5Mose 23,6 – Hier sagt Mose im Hinblick auf den Vorfall in 4Mose 23–25, daß *». . . der HERR, dein Gott, . . . nicht auf Bileam hören (wollte), und der HERR, dein Gott, wandelte dir den Fluch zum Segen um; denn der HERR, dein Gott, hatte dich lieb.«* Hat er nicht den Fluch für uns getragen, als Jeschua, unser Messias, an unserer Stelle am Kreuz starb? Hat er nicht das Gericht auf sich genommen für das Brechen des Gesetzes und an dessen Stelle den Segen unseres Gottes gesetzt, der uns so sehr liebt? (Gal 3,13)

Jes 38,17 – Hier handelt es sich um einen faszinierenden Teil des Dankgebets des Königs Hiskia für seine Heilung und die Verlängerung seines Lebens. *»Du, du hast liebevoll meine Seele von der Grube der Vernichtung zurückgehalten . . .«* Erkennen wir die Verbindung von Sündenvergebung und Gottes Liebe zu uns?

Jes 63,9 – Dieser Text steht im Kontext von Jes 63,7–16. Jesaja ruft zu Gott, um ihn an seine große Güte gegenüber Israel (V. 7) zu erinnern und daran, sich Israel wieder zuzuwenden wegen seiner Bundesbeziehung mit Israel. (Dies stellt eine beispielhafte Fürbitte für Israel dar.) Dazu Vers 9:

»In all ihrer Betrübnis war er betrübt, und der Engel des HERRN rettete sie; in seiner Liebe und in seinem Erbarmen erlöste er sie; und er hob sie auf und trug sie alle Tage der Vorzeit.« [NKJV]

Hesekiel 16 stellt eines der klassischen Bibelkapitel für Gottes Beziehung mit Israel dar. Im ersten Teil, den Versen 1–14, erinnert Gott an seine Liebe zu Israel, als er es zu Anfang erwählte. Er fährt dann damit fort, Israels Hurerei ihm gegenüber in den Versen 15–34 darzulegen. Wir müssen verstehen, daß Israel von Gott nur aus einem einzigen Grund ›ehebrecherisch‹ und ›Hure‹ genannt werden konnte, weil er es als seine Ehefrau betrachtete! Dies wird aus V. 8 ersichtlich, wo Gott sich seiner anfänglichen Liebe zu Israel erinnert:

»Und ich ging ⟨wieder⟩ an dir vorüber und sah dich, und siehe, deine Zeit war da, die Zeit der Liebe; und ich breitete meinen Zipfel [NKJV: Kleid] *über dich aus und bedeckte deine Blöße. Und ich schwor dir und trat in einen Bund mit dir, spricht der Herr, HERR, und du wurdest mein.«*

Sowohl das Wort ›Kleid‹ in der King James Version als auch das ursprüngliche hebräische Wort ›Flügel‹ weisen auf Verlobung hin. (Vergleiche dies mit Rut 3,9: *»So nimm deine Magd unter deinen Flügel.«*) In den Versen 35–39 kündigt Gott Gericht für es an, aber in den Versen 60–63 prophezeit er, daß er am Ende einen ewigen Bund mit dem Haus Israel aufrichten werde.

Hos 14,4 gehört zu dem Schriftabschnitt ›*Schabbat Schuvah*‹, d.h. ›Sabbat der Buße‹ (der in den Synagogen schon seit der Zeit vor der Geburt Jeschuas gelesen wird – vgl. Apg 13,15); der Sabbat, welcher zwischen *Rosch haSchanah* (Neujahr) und *Jom Kippur* (Versöhnungstag) liegt. Die zehn Tage zwischen diesen beiden heiligen Tagen werden im Judentum ›Die Tage der Ehrfurcht‹ genannt und sind eine Zeit der Herzenserforschung und des Vergebung-Suchens gegenüber Gott und Menschen. Diese Schriftstelle aus Hosea – die so angemessen für die gegenwärtige Zeit ist – betrifft die unsterbliche Liebe Gottes zu Israel. Er wartet nur darauf, daß es seine Sünde anerkennt und zu seinem Herrn und Ehemann umkehrt. Hosea drängt in den Versen 1–2: *»O Israel, kehr um zum HERRN, deinem Gott . . . Nehmt Worte mit euch und kehrt um zum HERRN. Sagt zu ihm: Nimm alle Schuld hinweg; nimm uns gnädig an . . .«* [NKJV] Der Herr antwortet mit jener Verheißung, welche die Flamme der Hoffnung im jüdischen Volk bewahrt hat durch viele Jahrhunderte des Exils und der Finsternis: *»Ich will ihre Abtrünnigkeit heilen, ich will sie lieben aus freiem Entschluß, denn mein Zorn hat sich von ihm abgewandt. Ich werde sein wie der Tau für Israel.«* (V. 5; NKJV)

Es gibt noch viele andere Verse im Tenach, die von der Liebe Gottes sprechen. Hier sind einige weitere zum Nachlesen: 5Mose 10,15; Jer 31,3; Hos 3,1; 11,4; Zef 3,17.

Und schließlich ist da das Hohelied, welches Rabbi Akiva – der berühmte Rabbi des 2. Jahrhunderts – als das ›Allerheiligste‹ der Heiligen Schrift bezeichnete. Viele betrachten es als Allegorie für die Liebe zwischen Gott und Israel und ebenfalls zwischen Jeschua und seiner Braut.

Wir schließen mit der Proklamation».... *so hat Gott die Welt geliebt, daß er seinen eingeborenen Sohn gab, damit jeder, der an ihn glaubt, nicht verloren gehe, sondern ewiges Leben habe.*« (Joh 3,16) Unsere Errettung beruht auf seinen treuen Verheißungen an uns durch seinen Sohn Jeschua. Gottes Wesen ist unveränderlich, und er ist bereits ein Gott der Liebe gewesen von Anbeginn an, sogar schon vor der Erschaffung der Welt.

»Der HERR, dein Gott, ist in deiner Mitte, der Mächtige wird erretten; er wird sich freuen über dich in Fröhlichkeit, Er wird dich beruhigen in seiner Liebe, er wird sich freuen über dich mit Singen.« (Zef 3,17; NKJV)

2. Gott, unser Vater

Daß wir als Gläubige in der Lage sind, Gott *»Abba, Vater«* (Röm 8,15; Gal 4,6) zu nennen, ist einer der unschätzbaren Vorzüge, deren wir durch unseren Glauben an den Messias teilhaftig werden. Einige mögen den Eindruck haben, daß Gottes Vaterschaft eine neue Lehre sei, die erst durch Jeschua geoffenbart worden ist. Aber – wie alle Lehren des Neuen Testaments – hat auch diese ihre Wurzeln im Tenach. Jeschua öffnete einfach die Tür für die Nichtjuden, die weit von Gott entfernt waren (Eph 2,11–13), damit sie in die gleiche Stellung mit den gläubigen Juden kämen und somit den Gott des Universums »Abba« nennen könnten. Hier nun einige der Wurzel-Verse:

2Mose 4,22: *»Und du sollst zum Pharao sagen: So spricht der HERR: Mein erstgeborener Sohn ist Israel . . .«*

5Mose 14,1: *»Ihr seid Kinder für den HERRN, euren Gott . . .«*

5Mose 32,6: *»Ist er nicht dein Vater, der dich geschaffen* [NKJV: erworben] *hat?«*

2Sam 7,14: *»Ich will ihm Vater sein, und er soll mir Sohn sein.«*

1Chr 29,10:»*Gesegnet seist du, HERR, Gott Israels, unser Vater, von Ewigkeit zu Ewigkeit.*« [NKJV]

Ps 68,6:»*Ein Vater der Waisen* ... *ist Gott in seiner heiligen Wohnung.*«

Ps 89,27:»*Er wird mich anrufen: Mein Vater bist du, mein Gott und der Fels meines Heils.*«

Jes 63,16:»*Du, HERR, bist unser Vater, unser Erlöser von alters her, ⟨das ist⟩ dein Name.*«

Jer 3,19:»*Und ich meinte, ihr würdet mir zurufen:* ›*Mein Vater!*‹ *und würdet euch nicht ⟨mehr⟩ von mir abwenden.*«

Jer 31,9:»*Mit Weinen kommen sie und unter Flehen führe ich sie* ... *Denn ich bin Israel ⟨wieder⟩ zum Vater geworden, und Ephraim ist mein Erstgeborener.*«

Mal 1,6:»*Wenn ich nun Vater bin, wo ist meine Ehre?*«

Vergleiche auch Jes 64,8 und Hos 1,9.

Lange bevor Jeschua im Fleisch kam, wurden diese Verse geschrieben, um uns Gottes Sehnen zu zeigen, ihn als unseren Vater anzusehen. Dieser Gedanke spielt ebenfalls im rabbinischen Judentum eine bedeutende Rolle.»Gott wird beständig als ›Vater im Himmel‹ angeredet oder erwähnt ... Man wertete dies als Zeichen außergewöhnlicher Gnade seinerseits, daß es diese intime Beziehung gab und daß sie den Menschen geoffenbart wurde.« A. Cohen fährt fort in seinem Buch ›Everyman's Talmud‹: »Besonders für das Gebet wurde dem einzelnen ermahnend nahegelegt, sich vorzustellen, daß er seine Bitten an jemanden richte, der zu ihm in einer Beziehung als Vater stehe« (S. 20–21). Im *Siddur*, dem hebräischen Gebetbuch, und zwar im liturgischen Bekenntnis der Sünden – in der Lesung für *Jom Kippur*, den Versöhnungstag – beginnt jede Zeile mit »Unser Vater, unser König«.

3. Der Gott der Barmherzigkeit

Zu biblischen Zeiten war ein Name überwiegend ein Hinweis auf den Charakter. Als Mose den Herrn bat, ihm seine Herrlichkeit zu zeigen, da rief der Herr »*den Namen des HERRN aus. Und der*

HERR ging vor seinem Angesicht vorüber und rief: Der HERR der HERR, Gott, barmherzig und gnädig, langsam zum Zorn und reich an Gnade und Treue, der Gnade bewahrt an Tausenden ⟨von Generationen⟩, der Schuld, Vergehen und Sünde vergibt, aber keineswegs ungestraft läßt . . .« (2Mose 34,5–7). Aus dieser Offenbarung des Namens Gottes ersehen wir, daß Sein Charakter voller Barmherzigkeit und Güte ist.

»Barmherzigkeit ist eine Eigenschaft Gottes . . ., die Gott veranlaßt, mitleidig zu handeln. Sowohl das Alte wie das Neue Testament verkünden Gottes Barmherzigkeit, aber das Alte spricht viermal so viel davon wie das Neue.«[1]) Hier sind ein paar beispielhafte Verse aus dem Tenach, welche die Barmherzigkeit des Herrn verkünden:

2Mose 15,13: »*In deiner Gnade* [NKJV: Barmherzigkeit] *hast du das Volk geleitet, das du erlöst . . .*«

2Mose 25,17.21.22: »*Du sollst einen Sitz der Barmherzigkeit aus reinem Gold herstellen . . . Lege den Sitz der Barmherzigkeit oben auf die Lade . . . dort werde ich dir begegnen und mit dir reden von oberhalb des Sitzes der Barmherzigkeit aus.*« [NKJV]

4Mose 14,19: »*Vergib doch die Schuld dieses Volkes nach der Größe deiner Gnade* [NKJV: deiner Barmherzigkeit] *und so, wie du diesem Volk vergeben hast von Ägypten an bis hierher.*«

5Mose 4,31: »*Denn ein barmherziger Gott ist der HERR, dein Gott.*«

2Chr 30,9: »*Denn gnädig und barmherzig ist der HERR, euer Gott, und er wird das Angesicht nicht von euch abwenden, wenn ihr zu ihm umkehrt.*«

Neh 9,31: »*. . . in deinen großen Erbarmungen hast du nicht ein Ende mit ihnen gemacht und sie nicht verlassen. Denn ein gnädiger und barmherziger Gott bist du!*«

Ps 51,2: »*Erbarme dich meiner, o Gott, gemäß deiner liebenden Güte. Gemäß der Größe deiner Barmherzigkeit lösche meine Übertretungen aus.*« [NKJV]

Ps 86,5: »*Denn du, Herr, bist gut und zum Vergeben bereit, groß an Gnade* [NKJV: Barmherzigkeit] *gegen alle, die dich anrufen.*«

Ps 103,10–11: »*Er hat uns nicht getan nach unseren Vergehen, nach unseren Sünden uns nicht vergolten. Denn so hoch die Him-*

mel über der Erde sind, so übermächtig ist seine Gnade [NKJV: Barmherzigkeit] *über denen, die ihn fürchten.«*

Ps 119,64:»*Von deiner Gnade* [NKJV: Barmherzigkeit], *HERR, ist die Erde erfüllt. Lehre mich deine Ordnungen!«*

Ps 136 wird bezeichnet als der große ›Hallel‹ [Lobpreis]. Am Ende jedes seiner 26 Verse heißt es:»*Denn seine Gnade* [NKJV: Erbarmen] *währt ewig!«*

Jes 55,7:»*Der Gottlose verlasse seinen Weg und der Mann der Bosheit seine Gedanken! Und er kehre um zum HERRN, so wird er sich über ihn erbarmen, und zu unserem Gott, denn er ist reich an Vergebung.«*

Jer 3,12:»*Kehre zurück, Israel, du Abtrünnige . . . Denn ich bin gütig, spricht der HERR . . .«*

Dan 9,9:»*Bei dem Herrn, unserem Gott, ist das Erbarmen und die Vergebung. Denn wir haben uns gegen ihn aufgelehnt . . .«*

Mi 7,18:»*Wer ist ein Gott wie du, der Schuld vergibt und Vergehen verzeiht dem Überrest seines Erbteils! Nicht für immer behält er seinen Zorn, denn er hat Gefallen an Gnade* [NKJV: Barmherzigkeit].«

Vergleiche auch 2Sam 24,14; 1Chr 16,34; Ps 31,8; 116,5, Spr 28,13 und Joel 2,13.

Von allen Versen im Tenach, die von Gottes Barmherzigkeit zeugen, finden wir einen der beeindruckendsten in Klagelieder 3,22–23. Jeremia, der Prophet und Schreiber dieser Klage, muß die Zerstörung Jerusalems, seiner geliebten Stadt, mitansehen. Er ist Zeuge schrecklicher Anblicke und Geräusche (Kla 2,20; 4,10). Er schreit seine Pein heraus zu Gott. Doch inmitten dieses herzzerreißenden Buches äußert Jeremia eine der stärksten Glaubensbekundungen in der Schrift:

»*Allein um der Barmherzigkeit des HERRN willen werden wir nicht verzehrt, weil seine Erbarmungen nicht versagen. Sie sind neu jeden Morgen; groß ist Deine Treue.«* (Kla 3,22–23; NKJV)

Diese großen Offenbarungen über Gottes Charakter findet man häufig im Alten Testament. Die Heiligen des Alten Testaments waren von Gottes Barmherzigkeit in gleichem Maße abhängig wie wir.

4. Der Gott der Gnade

Es entsprach zu keiner Zeit der Wahrheit, daß Gott im Alten Bund durch das Gesetz errettete. Gottes Art der Errettung ist stets dieselbe in allen Teilen der Bibel. Es gibt nirgendwo in der Schrift eine Errettung durch Werke. Errettung geschieht immer aus Gnade durch den Glauben an sein Wort. ›Gnade‹ (das hebräische Wort wird manchmal auch als ›Gunst‹ übersetzt) kann definiert werden als Freude, Wohlwollen und Gunst eines Höhergestellten gegenüber einem Niedrigeren; der Stärkere kommt dem Schwächeren zur Hilfe. Sie ist Gottes Güte uns gegenüber trotz unserer Verschulden und Fehler. Es bereitet ihm Freude, seinen Kindern, die es nicht verdienen, Wohltaten zu schenken. Seine Gnade wird im Tenach deutlich offenbar.

1Mose 6,8: *»Aber Noah fand Gunst in den Augen des HERRN.«*

2Mose 33,12 – 34,9: *»Ich kenne dich mit Namen, ja, du hast Gunst gefunden in meinen Augen.«* In diesem Abschnitt finden wir ›Gnade‹ [bzw. ›Gunst‹] neunmal, und sie bildet die Grundlage für die Beziehung zwischen Mose, den Kindern Israel[2]) und ihrem Gott. Im Kontext ereignet sich dies unmittelbar nach der Sünde mit dem goldenen Kalb.

Ps 44,4: *»Denn nicht durch ihr Schwert haben sie das Land in Besitz genommen, und nicht ihr Arm hat ihnen geholfen; sondern deine Rechte und dein Arm und das Licht deines Angesichts, weil du Wohlgefallen an ihnen hattest.«*

Ps 84,12: *»Denn Gott, der HERR, ist Sonne und Schild. Gnade und Herrlichkeit wird der HERR geben, kein Gutes vorenthalten denen, die in Lauterkeit wandeln.«*

Ps 102,14: *»Du wirst aufstehen, wirst dich Zions erbarmen. Denn es ist Zeit, ihn zu begnadigen, denn gekommen ist die bestimmte Zeit.«*

Jes 60,10: *»Und die Söhne der Fremde werden deine Mauern bauen und ihre Könige dich bedienen; denn in meinem Zorn habe ich dich geschlagen, aber in meiner Huld [NKJV: Gunst] habe ich mich über dich erbarmt.«*

Hos 14,3.5: *»Nehmt Worte mit euch und kehrt um zum HERRN! Sagt zu ihm: Vergib alle Schuld; nimm uns gnädig an, denn wir* *wollen die Frucht unserer Lippen als Opfer darbringen ... Ich will ihre Abtrünnigkeit heilen, ich will sie aus freiem Entschluß lieben.*« [NKJV]

Laßt uns das Thema ›Gnade und Gesetz‹ oder ›Glaube und Werke‹ im Tenach anschauen und dabei an das ›Gesetz des Mose‹ und das ›Gesetz des Herrn‹ denken (vgl. Lk 2,22–24). Wann wurde es den Kindern Israel zuerst geoffenbart? Es war nach ihrer Befreiung aus Ägypten. Im Glauben an Gottes Wort zu Mose strichen sie das Blut des Passahlamms an ihre Türpfosten. Es war nach ihrer Taufe (1Kor 10,2), bei der sie das Rote Meer im Vertrauen auf Gottes Wort durchquerten (Hebr 11,29).

Am Sinai sprach er zu diesem mit Blut erkauften (2Mose 15,16), wassergetauften Volk: Ich will, daß mein Volk durch dieses Gesetz lebt, damit es für mich ein Königreich von Priestern und ein Verkündiger meines Namens für die Nationen sei. (Vergleiche in 2Mose 19,3–6 die genauen Worte des Herrn.) Sie waren bereits erlöst und seinen besonderen Zielen geweiht, bevor sie sein Gesetz empfingen! Das Gesetz wurde als Anleitung gegeben, damit das Volk Gottes ausgesondert und heilig sei inmitten dieser Welt und aller ihrer Fallen.

Leider wurde das Gesetz zum Weg der Errettung erhoben (Röm 9,31–32) aufgrund der Neigung des Menschen zu Werken des Fleisches; aus dem Denken heraus, daß man etwas tun könne, um Gottes Gunst zu verdienen. Aber es war stets so und wird immer so sein: »*Der Gerechte aber wird durch seinen Glauben leben.*« (Hab 2,4; Hebr 10,38)

---

1 A.W. Tozer, The Knowledge of the Holy, S. 96–97
2 Anm. des Übers.: Die Begriffe ›Kinder Israel‹ und ›Söhne Israel‹ werden im Text als Sammelbegriff für das ganze Volk Israel verwendet, deshalb fehlt bei ›Israel‹ der Genitiv. Das dient – entsprechend einigen Bibelübersetzungen – zur Unterscheidung von ›Söhne Israels‹ (= Söhne Jakobs) als konkrete einzelne Personen.

III. Lehren im Tenach – Passah

Dieses Kapitel wird einige grundlegende Lehren untersuchen, welche die Errettung betreffen. Es enthält ebenfalls einen Überblick über das Passahfest – einen wunderbaren Typus für Errettung im Tenach.

1. Erlösung im Passahfest

Um ein vollständiges Bild zu zeichnen, werden wir mit dem Fest des Herrn beginnen, das als Pessach oder Passah bekannt ist. Dieses spezielle Fest – das erste der sieben jährlichen Feste, die in 3Mose 23,5ff genannt werden – ist ein dynamisches Bild von der Errettung aus Gnade durch den Glauben an das Blut des Lammes.

Die ganze Geschichte der Errettung Israels aus der Knechtschaft Pharaos und die anschließende Freiheit, Gottes Gesetz am Berg Sinai zu empfangen, stellt eine Illustration unserer Erlösung von der Gewalt der Sünde und Satans dar und auch unserer Freiheit, unter Gottes Herrschaft zu leben. Auch Paulus verwendet Schriftstellen aus dem Tenach als Beispiele für unseren Wandel mit dem Herrn (1Kor 10,11). Daher ist dies eine legitime Exegese.

Außer daß die Geschichten aus dem Tenach uns geistliche Wahrheiten lehren, erzählen sie auch die Durchdringung der Weltgeschichte durch den Gott des Universums, den Gott Israels. Diese Episoden widerfuhren einem wirklichen Volk aus Fleisch und Blut. Israel stellt niemals lediglich ein Symbol dar.

Der Hintergrund des Passahfestes

Zu Beginn des zweiten Mosebuches befindet sich Israel in schwerer Knechtschaft grausamer Zuchtmeister und unter einem Tyrannen, der sie verwendet zum Bau seines Königreiches und zu seiner eigenen Verherrlichung. Gott hört ihr Schreien und erwählt einen Mann, den er als seinen Botschafter gebrauchen kann, als ein Werkzeug zur Befreiung seines Volkes. Mose, der in vieler Hinsicht ein Typus für Jeschua ist (vgl. 5Mose 18,15–19), wird als Gottes Prophet gesandt, um dem Gott dieses Weltsystems zu sagen: »*Laß mein Volk ziehen!*« (2Mose 5,1) Der Herr weiß, daß der Pharao darauf nicht hören wird (2Mose 3,19). Der Pharao verhärtet sein Herz. Danach verhärtet Gott den vom Pharao gewählten Herzenszustand; dadurch erhält Gott reichlich Gelegenheit, seine Macht zu zeigen und viele Menschen ihm zuzuwenden. Dieser Vorgang, der sowohl in 2Mose 9,16 als auch in Röm 9,17 dargelegt wird, stellt eine eindeutige Bezeugung für Gottes Souveränität in den Angelegenheiten der Menschen dar (vgl. Dan 4,17.25.32.34; 5,21).

Er ist ebenfalls ein Angriff auf den Gedanken des Dualismus, welcher besagt, daß es im Universum eine gute und eine gleichstarke böse Macht gebe, die um die Seelen der Menschen kämpften. Auf dieser Lehre basieren viele Religionen, aber sie können nicht bestehen im Licht der Schrift, welche besagt, daß unser Gott der Herr des Himmels und der Erde ist.

2Mose 8,18–19: »*. . . damit du erkennst, daß ich, der HERR, mitten im Land bin. Und ich werde einen Unterschied setzen zwischen meinem Volk und deinem Volk . . .*«

2Mose 9,29: »*. . . damit du erkennst, daß die Erde dem HERRN gehört.*«

Mt 11,25: »*Zu jener Zeit . . . sprach* [Jeschua]: *Ich preise dich, Vater, Herr des Himmels und der Erde . . .*« (Vergleiche auch Ps 2,1–9; Jes 40,17–26; Apg 10,36.)

Wir sind vertraut mit der Geschichte der zehn Plagen, die der Herr über Ägypten sandte (2Mose 7,14–12,33). Jede dieser Plagen war eine spezifische Attacke auf die Götter Ägyptens; die letzte auf den künftigen Gott-König Ägyptens: Pharaos Sohn (2Mose 12,12). Zwei Einzelheiten, die in all dieser Aufregung übersehen werden könnten, sind beachtenswert:

1. Nach drei Plagen wurde die »israelische« Nachbarschaft Goschen ausgesondert. Gott schützte sein Volk vor seinem Zorn, um seine Herrschaft gegenüber den Ägyptern zu demonstrieren (2Mose 8,22–23; 9,4.26; 10,23; 11,7). Gläubige leben ebenfalls geschützt vor dem Zorn Gottes. Wir stehen dem Zorn der Menschen gegenüber (Joh 16,33) und der Züchtigung unseres Vaters (Hebr 12,5–11), aber in Jeschua werden wir dem Zorn Gottes entgehen, den er über diese Welt ausgießen wird. 1Thess 5,9: *»Denn Gott hat uns nicht zum Zorn bestimmt, sondern zum Erlangen des Heils durch unseren Herrn . . .* [Jeschua, den Messias].«

2. Gottes Gerichte dienten dem speziellen Ziel der Erlösung; nicht allein Israels, sondern auch der der Ägypter! Der Herr erklärt neunmal, daß er diese Plagen sendet, damit *»die Ägypter . . . erkennen, daß ich der HERR bin . . .«* (2Mose 7,5.17; 8,6.18.23; 9,14.29; 14,4.18). Dies ist ein Beispiel für Ps 9,17: *»Der HERR hat sich zu erkennen gegeben, er hat Gericht ausgeübt . . .«* Unser Gott übt immer noch Gericht aus um Israels willen, und er wird damit fortfahren, bis die ganze Erde erkennt, daß er der Gott Abrahams, Isaaks und Jakobs ist, der Gott Israels. Dies ist bereits und wird auch weiterhin geschehen durch Gottes Handeln mit Israel.

Ps 98,3: *»Er hat seiner Gnade und seiner Treue für das Haus Israel gedacht. Alle Enden der Erde haben das Heil unseres Gottes gesehen.«*

Röm 11,15: *»Denn wenn ihre Verwerfung die Versöhnung der Welt ist, was wird die Annahme anders sein als Leben aus den Toten.«*

Am Kreuz hat der Vater sein gerechtes Gericht ausgeübt über unsere Sünde, die auf den Messias Jeschua gelegt wurde (Jes 53,4–6). Daraus ersehen wir, daß Gottes Gericht, welches er auf seinen Sohn ausgoß, dem Ziele der Erlösung diente. Sein Gericht über unsere Sünde hat die Schranke, den Vorhang, entfernt. Jetzt erfreuen wir uns einer gegenseitigen Liebesbeziehung mit ihm (Jes 59,1–2).

2Mose 12 – Das erste Passah

Bei der Untersuchung bestimmter Verse im 2. Mosebuch über das erste Passah werden wir erkennen, daß sie sich nicht nur auf unsere Errettung durch Jeschua beziehen, sondern Facetten von Gottes herrlicher Erlösung herausstellen, was das Neue Testament allein so nicht tut. Daß das Neue Testament viele Wurzelbereiche nicht ausführlich darlegt, liegt daran, daß seine Schreiber voraussetzten, daß die Gläubigen die Bibel Jeschuas – nämlich das Alte Testament – als ihre grundlegenden Schriften studieren und kennen (vgl. 2Tim 3,16–17 und dort auch das erste Kapitel).

V. 1–2: Gott sagt zu Mose und Aaron: *»Dieser Monat . . . sei euch der erste von den Monaten des Jahres!«* Dadurch weist er darauf hin, daß diese Erlösung aus der Knechtschaft in Ägypten den Beginn eines neuen Lebens kennzeichnet. Wir beginnen ebenfalls ein neues Leben, wenn wir das Opfer unseres Passahlamms (1Kor 5,7) annehmen und *»eine neue Schöpfung«* im Messias (2Kor 5,17) werden.

V. 5: Das *»Lamm ohne Fehler«* stellt einen Typus des Messias als einen Mann ohne Sünde dar (Hebr 4,15). Im Leben von Schafen weist ein *»männliches, einjähriges«* darauf hin, daß es in der Vollkraft seines Lebens steht – entsprechend auch Jeschua im Alter von 33 Jahren, als er geopfert wurde.

V. 6: Das Lamm wurde vier Tage lang geprüft, um zu sehen, ob irgendein Mangel an ihm sei, dann wurde es getötet. Jeschua wandelte und lehrte öffentlich drei Jahre (und einige Monate) im ganzen Land Israel, so daß alle ihn prüfen konnten. Einmal fragte er: *»Wer von euch überführt mich einer Sünde?«* (Joh 8,46). Niemand. Er ist das Lamm Gottes ohne Fehler und ohne Flecken (1Petr 1,19).

V. 8–11: Israel wurde geboten, das Fleisch des Lammes zu essen, was in V. 11 beschrieben wird als *»Passah für den HERRN«*. Vergleichen wir dies mit den Versen 21 und 27, erkennen wir, daß Gott von dem Lamm spricht, wenn er den Ausdruck ›Passah‹ gebraucht. Paulus sagt im Heiligen Geist: *». . . unser Passah, . . . [Messias], ist geschlachtet.«* (1Kor 5,7) Wenn Jeschua ›unser Passah‹ genannt wird, so ist das identisch damit, ihn ›das Lamm Gottes‹ zu nennen; letzterer Titel wird im Neuen Testament häufiger verwendet als irgendein anderer, außer dem des ›Messias‹, des ›Christus‹ (Joh 1,29.36; 1Petr 1,19 und 26x im Buch der Offenbarung). Die Aussage *»Der Messias, unser Passah, wurde geopfert für uns«* (1Kor 5,7; NKJV) macht erst richtig Sinn, wenn wir dabei den Hintergrund von 2Mose 12 im Blick haben.

Das letzte Abendmahl, das eine Passah-*Sederfeier* war – d.h. das von Gott eingesetzte Mahl, welches des Auszugs aus Ägypten gedenkt –, hat seine Wurzeln in 2Mose 12. Jeschua brach das Brot und forderte seine Jünger auf, es zu essen. *»Dies ist mein Leib* ...« (Lk 22,19). Dieses Brot, bei der heutigen *Sederfeier* ›das Brot der Trübsal‹ genannt, war – gemäß dem Gebot in 2Mose 12, 8 – ungesäuert. Sauerteig repräsentiert das Wesen der Sünde (1Kor 5,6–8). Jeschua, das sündlose Lamm, benutzte ungesäuertes Brot, um seinen Leib bildlich darzustellen.

Bei der *Sederfeier* bezeichnet die jüdische Tradition den Weinkelch nach der Abendmahlzeit als ›den Kelch der messianischen Erlösung‹. Jeschua sagte, dieser Kelch repräsentiere jetzt sein Blut, das den Neuen Bund besiegele, der in Jer 31,31–34 (Lk 22,20) verheißen worden ist. *»Und sie haben ihn überwunden (»... die alte Schlange, der Teufel und Satan genannt wird ...«, Offb 12,9) durch das Blut des Lammes und durch das Wort ihres Zeugnisses, und sie haben ihr Leben nicht geliebt bis zum Tod.«* (Offb 12,11; KJV)

V.12: Dieser Vers weist aus, wer das Böse zerstört. Der Herr sagt:»... **ich werde** ... durch das Land Ägypten gehen und (**ich werde**) alle Erstgeburt ... erschlagen ... Auch an allen Göttern Ägyptens **werde ich** ein Strafgericht vollstrecken, ich, der HERR.« Wenn wir dies mit den Versen 13, 23, 27 und 29 vergleichen, erkennen wir, daß lediglich V. 23 Auskunft über ›den Zerstörer‹ gibt. Es ist nicht Satan! Satan würde nicht sein eigenes Reich zerstören, das so fest in Ägypten verwurzelt ist! Viermal sagt Gott, daß er selbst der Zerstörer der ägyptischen Götter sei. Dieser Zerstörer ist niemand anders als der Sohn Gottes vor seiner Fleischwerdung, der die Werke des Teufels zerstörte in unserem Leben bei seinem ersten Kommen (1Joh 3,8) und der Satans Reich gänzlich zerstören wird bei seiner Wiederkunft (Offb 11,15–17; 19,11–21).

V. 13: Den Kindern Israel wurde in V. 7 geboten, das Blut des Passahlamms auf die Türpfosten ihrer Häuser zu streichen, dann sollten sie hineingehen und das Passahmahl essen. Waren sie erst einmal drinnen, würden sie das Blut nicht mehr sehen. Das Blut war für Gott ein Hinweis. Das hebräische Wort für ›Hinweis‹ ist *ot* und kann auch als ›Zeichen‹, ›Flagge‹, ›Denkmal‹ oder ›Wunder‹ übersetzt werden.

Das bedeutet, daß Gott, der Vater, danach Ausschau hält, daß das Blut seines Sohnes in unserem Leben angewandt wird; und wenn er es entdeckt, geht er nicht lediglich an uns vorüber, indem er seinen Zorn nicht auf uns kommen läßt, sondern er schützt uns auch, wenn sein Zorn auf die Welt fällt (1Thess 1,10; 5,9). Jeschua bot sein Blut seinem Vater dar, und der Vater nahm es an (Apg 20,28; Eph 1,7; Hebr 9,12.22). Wir brauchen nur seinem Opfer zu vertrauen.

Eine weitere Entsprechung zu unserer Errettung besteht darin, daß das Passah – anders als das spätere Opfersystem – eine ›Ein-für-allemal‹-Befreiung **innerhalb des Feindeslandes** darstellte! *»Auch wenn ich wandere im Tal des Todesschattens, fürchte ich kein Unheil, . . . Du bereitest vor mir einen Tisch angesichts meiner Feinde . . . mein Becher fließt über«* (Ps 23, 4–5).

Im Rest des Kapitels wird den Kindern Israel geboten, dieses Mahl zu halten zum Gedenken an Gottes ewige Erlösung. Sowohl Juden als auch Nichtjuden, die sich dem Haus Israel anschlossen, mußten dieses Fest halten (V. 19.47–49) als Mittel, um die nächste Generation Gottes Güte und Macht zu lehren (V. 26–27). Wir lehren diese Inhalte, wenn wir das Passah halten und ebenso, wenn wir das Abendmahl feiern. *»Denn sooft ihr dieses Brot eßt und den Kelch trinkt, verkündigt ihr den Tod des Herrn* [Erlösung aus dem geistlichen Ägypten], *bis er kommt.«* (1Kor 11,26)

Dies ist die Schriftstelle, welche die Kinder Gottes anweist, das Passahfest weiterhin zu halten:

»Und es soll geschehen, wenn ihr in das Land kommt, das euch der HERR geben wird, wie er geredet hat, dann sollt ihr diesen Dienst ausüben . . ., wenn euch eure Kinder fragen: Was bedeutet dieser Dienst für euch?, dann sollt ihr sagen: Es ist ein Passahopfer für den HERRN, der an den Häusern der Söhne Israel in Ägypten vorüberging, als er die Ägypter schlug, unsere Häuser aber rettete. Da warf sich das Volk nieder und betete an« (2Mose 12, 25–27).

Wir möchten ermutigen, an einer Passah-*Sederfeier* teilzunehmen. Wir sind gewiß, daß es als auferbauend und anregend empfunden wird. *». . . wißt, daß ihr nicht mit vergänglichen Din-*

*gen ... erlöst worden seid ..., sondern mit dem kostbaren Blut ..
. [des Messias] als eines Lammes ohne Fehler und ohne Flecken«*
(1Petr 1,18–19).

Schlußbetrachtung

Wir stellten fest: Passah ist »ein dynamisches Bild von der Errettung aus Gnade durch den Glauben an das Blut des Lammes.« Und
zwar deshalb ›aus Gnade‹, weil Gott es war, der die Kinder Israel
befreite, als sie im Glauben, seinen Anweisungen gehorchend, das
Blut anwandten. Sie lagerten und aßen unter dem Schutz des
Blutes, bis der HERR selbst seine und Israels Feinde zerstörte.
Während wir das Blut des Passahlamms anwenden, in ihm blei-
ben, an ihm teilhaben und unter seinem Schutz verweilen, erfahren
wir: *»Steht und seht die Rettung des HERRN«* (2Mose 14,13). Die
Grundlagen der Errettung sind im Tenach wie auch im Neuen
Testament dieselben.

*»Schmecket und sehet, daß der HERR gütig ist! Glücklich der
Mann, der sich bei ihm birgt!«* (Ps 34,9)

»Siehe, das Lamm Gottes, das die Sünde der Welt wegnimmt.«
(Joh 1,29)

2. Gnade im Tenach

Eph 2,8–9: *»Denn aus Gnade seid ihr errettet durch Glauben, und
das nicht aus euch, Gottes Gabe ist es; nicht aus Werken, damit
niemand sich rühme.«* Die Lehre von der Errettung durch Gnade
– wie sie von Paulus in dieser Schriftstelle dargelegt wird –
befindet sich direkt an der Wurzel unserer Verkündigung der guten
Nachricht. Leider sind viele zu der Überzeugung gelangt, daß die
Errettung im ›Alten Testament‹ allein durch Werke erreicht wurde.
Hier handelt es sich um ein Mißverständnis dessen, was der
Tenach und das Neue Testament eindeutig lehren.

Das hebräische Wort, das am häufigsten mit ›Gnade‹ oder
›Gunst‹ übersetzt wird, ist *chen*. Gemäß Colin Brown »klärt
[dieses Wort] die Bedeutung von ›Gnade‹ in Geschichte und

33

Taten. Es bezeichnet das Zuhilfe-Kommen des Stärkeren gegenüber dem Schwächeren, der Hilfe benötigt aufgrund seiner Umstände oder seiner natürlichen Schwachheit. [Der Stärkere] handelt aus einer freiwilligen Entscheidung heraus, freilich innerlich bewegt durch die Abhängigkeit oder Bitte der schwächeren Partei.«[1]) Dieser Sachverhalt wird oft ausgedrückt als »Gunst finden in jemandes Augen«; eine Redewendung, die im modernen Hebräisch immer noch gebräuchlich ist. Brown macht die Beobachtung, daß »*chen* relativ selten das Handeln Gottes bezeichnet. Meistens wird es verwendet im Sinne seiner unverdienten Gabe der Erwählung.«[2]) Oder wie Paulus es ausdrückt: »*. . . haben wir auch ein Erbteil erlangt, die wir vorherbestimmt waren nach dem Vorsatz dessen, der alles nach dem Rat seines Willens wirkt . . .*« (Eph 1,11).

Hier folgen lediglich einige Verse aus dem Tenach, in denen ›Gnade‹ oder ›Gunst‹ vorkommen:

1Mose 6,8: »*Noah aber fand Gunst in den Augen des HERRN.*« Obwohl V.9 aussagt: »*Noah war ein gerechter Mann, untadelig war er unter seinen Zeitgenossen . . .*«, bestand der Grund dafür, daß er ein gerechter Mann war, in der Erwählung durch Gottes Gnade. Letztendlich wurde Noah errettet durch die Gnade Gottes.

2Mose 33,12 – 34,9: Innerhalb dieses kurzen Austausches zwischen Gott und Mose wird das Wort *chen* oder ein Wort aus derselben Wurzel neunmal benutzt! Diese Gebets-Unterhaltung ereignet sich unmittelbar nach dem Vorfall mit dem goldenen Kalb in 2Mose 32. Mose war sich dessen bewußt, daß er sich dem Herrn nicht aufgrund irgendeines Verdienstes der Kinder Israel nahen und fürbittend für sie eintreten durfte. So kam er auf der Grundlage der Gnade. Gott antwortete ihm auf derselben Grundlage (33,17) und legte sogar dar, daß es seinem göttlichen Wesen entspreche, »*gnädig*« (34,6) zu sein.

Ps 51,3: »*Hab' Erbarmen mit mir, o Gott, nach deiner Güte . . .*« [NKJV] Das Wort ›Erbarmen‹ stammt von der Wurzelbedeutung ›Gnade‹. Dieser Psalm ist Davids Gebetsbekenntnis, in welchem er den Herrn um Vergebung bittet für Mord und Ehebruch (2Sam 11). David wußte, daß er verloren war, wenn Gott ihn nicht gemäß seiner Gnade und seines Erbarmens behandelte. So kam dieser größte König Israels – wie schon der große Prophet Mose vor ihm

– zum Herrn auf der Grundlage dessen, wer Gott ist und nicht mit irgendwelchen eigenen Verdiensten.

Spr 3,34: »... *den Demütigen aber gibt er Gnade.*« Petrus zitiert diesen Vers in 1Petr 5,5 als Beweisstelle dafür, wie Gläubige in Gemeinschaft miteinander leben sollten.

Jer 31,2: »[Israel] *hat Gnade gefunden in der Wüste* ...« Im vorigen Kapitel unterstützten wir den Anspruch, daß Gott ein Gott der Liebe ist im Tenach und ebenso im Neuen Testament. In diesem Vers verbindet Gott seine Liebe zu Israel (V.3) mit seiner Gnade, Israel in der Wüste überleben zu helfen. In der Tat wird in diesem Zusammenhang Gottes Ruhe auch mit seiner Gnade verknüpft (V. 2).

Sach 12,10: »*Aber über das Haus David und über die Bewohnerschaft von Jerusalem gieße ich den Geist der Gnade und des Flehens aus* ...« Dieser Text stellt ein prophetisches Bild dar von dem Tage der nationalen Errettung Israels (vgl. Röm 11,26) und drückt sehr klar aus, daß dies das Ergebnis von Gottes auf sie ausgegossener Gnade sein wird. Interessant ist, daß das hebräische Wort für ›Flehen‹ aus derselben hebräischen Wurzel stammt wie ›Gnade‹.

In diesen sechs Versen (es gibt weitere im Tenach, die von Gottes Gnade sprechen) haben wir Gottes Gnade betrachtet in Verbindung mit Erwählung, Errettung, Gottes Wesen, der Vergebung von Sünde und der nationalen Errettung des Hauses Israel. Hierin liegt die Basis der Lehre von der Gnade, wie man sie im Neuen Testament vorfindet. Aber unsere Errettung geschieht »*aus Gnade durch Glauben*«. So laßt uns als nächstes das Thema ›Glauben‹ im Tenach anschauen.

3. Glaube im Tenach

Wiederum im Gegensatz zur Überzeugung vieler Gläubiger geschah Errettung im Tenach niemals allein durch Gehorsam gegenüber dem mosaischen Gesetz. Gott, der sich nie ändert (Mal 3,6), hat Errettung stets denen angeboten, die seinem Wort glauben und vertrauen. Sein Wort weist beständig hin auf Errettung durch den Glauben an Gottes Bereitstellung von Sühne. Dieses Thema durchzieht das Alte Testament ebenso wie das Neue. Unser Gott will Glauben **mit** Werken, nicht Glauben **in** Werken (Mt 7,24–27; Joh 14,15; Tit 3,8; Jak 2,14ff).

Das Wort ›Glauben‹ verwendet man in zwei verschiedenen Bedeutungen; allerdings haben beide ihre Gültigkeit. Den Begriff können wir verwenden, um ein Glaubensbekenntnis oder eine Sammlung religiöser Überzeugungen zu kennzeichnen, z.b. den christlichen Glauben, den jüdischen Glauben usw. In diesem Abschnitt benutzen wir ›Glauben‹ jedoch in einem anderen Sinne, nämlich in dem gebräuchlichen biblischen Sinne von ›vertrauen auf‹, ›sich verlassen auf‹, ›feststehen in‹ und ›dem Herrn glauben‹. »Und . . . [Abram] *glaubte (vertraute auf, verließ sich auf, blieb fest im Herrn); und er rechnete es ihm als Gerechtigkeit an [rechtes Feststehen in Gott]*« (1Mose 15,6; Amplified Bible).

Im Hebräischen entstammen drei Wörter derselben Wurzel. ›Glaube‹ (oder: ›Treue‹), ›Wahrheit‹ und ›Amen‹ sind sprachlich und theologisch miteinander verbunden. Ihr Wurzelwort bedeutet »aufbauen oder unterstützen; nähren wie ein Elternteil; fig.: fest oder treu sich geben [oder: sein], zu vertrauen oder zu glauben, beständig oder friedlich . . . wahr oder gewiß sein« (Strong's Concordance, S. 539).

Das hebräische Substantiv für ›Glaube‹ bedeutet ›Vertrauen‹ und ›Gewißheit‹ ebenso wie ›Treue‹ im Sinne von ›Verläßlichkeit‹. Es wird angewandt auf Menschen (4Mose 12,7; 1Sam 2,35; Neh 9,8), auf Gott, auf den aller wirklicher Glaube schaut (5Mose 7,9) und auf Gottes Bund (Ps 89,29). Die folgenden Verse sind lediglich einige von denen im Tenach, die den Begriff ›Glauben‹ enthalten:

1Mose 15,6: »*Und er glaubte dem HERRN; und er rechnete es ihm als Gerechtigkeit an.*« In Röm 4,3 verwendet Paulus diesen Vers zur Untermauerung seines Arguments der Errettung aus Glauben. Außerdem gebraucht er diesen in Gal 3,6 zur Ermutigung der Gläubigen, damit sie nicht versuchen, Gottes Gunst durch Gesetzeswerke zu erlangen (5,4), sondern durch anhaltenden Glauben (3,8). Die Rabbiner legen dar, daß »unser Vater Abraham allein durch das Verdienst des Glaubens in den Besitz dieser Welt und auch der künftigen [ewiges Leben] gelangte«

(Mechilta 33a). Hierzu findet man einen interessanten Kommentar in der ›Art Scroll Tenach Series‹, wo Hirsch im Zusammenhang mit diesem Vers erklärt, »daß der Gedanke, jemandem zu glauben – in dem Sinne, daß sein Versprechen akzeptiert wird – ausgedrückt würde als »*er glaubte ihm*«. Die Formulierung in diesem Vers [»*er glaubte an ihn*«] stellt jedoch einen wesentlich tiefergehenden Begriff dar als bloßen Glauben. Es läßt auf eine totale Unterordnung in dem Sinne schließen, daß jemand sein ganzes Vertrauen in Gott legt und jegliche Führung und alle Einstellungen in ihm sucht.«[3])

2Mose 25,1 – 40,38: Die Stiftshütte – wie auch das Haus Gottes – ist ein Symbol für das Muster unserer Errettung; ein Muster, wie man sich mit Gott auf seine Weise in Beziehung setzt. Es verbindet miteinander Gottes Vorsorge für die Vergebung der Sünden und unsere Antwort an ihn, nämlich des gehorsamen Gottesdienstes im Glauben. Ohne die eingesetzte Priesterschaft und die Opfer war die Stiftshütte lediglich ein hübsches Zelt. Ohne Gottes Anordnung, Zeitplan und Gesetz – wie durch die Stiftshütte dargestellt – ist alles das, was der Mensch ihm darbringen kann »*entweihtes Feuer*« (3Mose 10,1–5; NKJV), »*befleckte Kleider*« (Jes 64,5) und Werke und Dienst des Fleisches. Israel zog aus der Stiftshütte nicht allein durch dargebrachte Opfer Nutzen, sondern durch den Glauben an das, was Gott über die Opfer sagte. (Siehe unten.)

3Mose 1,1 – 7,38 beschreibt die vorgeschriebenen Opfer. Der Sünder brachte sein Opfer zum Priester und bekannte seine Sünde über dem Kopf des Tieres (3Mose 4,29.33), tötete das Opfer, und dann wandte der Priester das Blut am Altar an und bewirkte somit Sühne für die Sünde. Danach war dem Sünder vergeben (3Mose 4,31.35). Worin besteht das Muster? Alles, was der Sünder tun mußte, um von Gott angenommen zu werden, bestand darin, dem Wort des Herrn zu vertrauen, welches ihm zusagte, daß das vergossene Blut des Opfers seine Sünde bedecken (sühnen) würde. Der Sünder vollbrachte kein weiteres Werk, als dem Wort zu vertrauen! Danach tötete er das Opfer. Aber der Priester brachte das Blut vor dem Herrn dar, indem er es für den Altar verwendete. Dies zeugt von der Vergebung der Sünden durch die sühnende Kraft des vergossenen Blutes. Es ist eine Vorausschattung unserer

Errettung, vollbracht am Kreuz durch Jeschua. Alles was wir tun besteht darin, zu glauben, d.h. Gottes Wort zu vertrauen.

2Chr 20,20: *»Hört mir zu, Juda und ihr Bewohner von Jerusalem! Glaubt an den HERRN, euren Gott, dann werdet ihr bestehen! Glaubt seinen Propheten, dann wird es euch gelingen!*« Dieser Auftrag – erteilt von König Joschafat an die Nation von Juda, als der Angriff einer weit überlegenen Armee drohte – zeigt deutlich den hebräischen Begriff hinter dem Wort ›Vertrauen‹, hier [in der NKJV] übersetzt als ›glauben‹. Wir werden ›fest gegründet‹, ›gestärkt‹, wenn wir auf Gottes Wort vertrauen (vgl. Mt 7,24–27). Das Hebräische hat in diesem Vers denselben Wortlaut wie in 1Mose 15,6: **an den Herrn glauben.**

Jes 7,9b: *»Glaubt ihr nicht, dann bleibt ihr nicht!* [NKJV: dann werdet ihr nicht fest gegründet]. Dies ist die negative Version des vorigen Verses. Auch hier bedeutet das als ›glauben‹ übersetzte Wort ›vertrauen‹, ›gewiß sein‹.

Hab 2,4: *»Der Gerechte aber wird durch seinen Glauben leben.*« Diesen Vers finden wir als Beweisstelle für unser Leben aus Glauben (Röm 1,17, Gal 3,11 und Hebr 10,37–38). Das ursprüngliche Hebräische kann übersetzt werden als: *»Und der Gerechte, in seinem Glauben (Vertrauen) wird er leben.*« Wenn die Schreiber des Neuen Testaments zuverlässige Beispiele von Männern und Frauen Gottes anführen wollten, die aus Glauben lebten, dann verwiesen sie auf Helden des Tenach. Das offensichtlichste Kapitel ist Hebräer 11; hier wird uns eine *»große Wolke von Zeugen*« (Hebr 12,1) präsentiert, welche feststand im Vertrauen auf Gott durch alle möglichen Versuchungen hindurch, einschließlich der des Todes.

Die Schrift legt sehr nachdrücklich dar, daß diese Heiligen Gottes ihm wohlgefielen (Hebr 11,6) nicht aufgrund ihrer Werke – obwohl wir ihren Glauben an ihren Werke erkennen –, sondern aufgrund ihres Vertrauens in denjenigen, der sie berufen hat. Hierin liegt der **Schlüssel**: Nicht das Vertrauen in unser Vertrauen oder in unsere Fähigkeit zu glauben, sondern der Glaube/das Vertrauen in den lebendigen Gott der Schrift, der treu ist.

Jes 49,7: *»So spricht der HERR, der Erlöser Israels, sein Heiliger, . . . der treu ist, der Heilige Israels . . .*«

Röm 4,20–22: *»*[Abraham] *zweifelte nicht durch Unglauben an* der Verheißung Gottes, sondern wurde gestärkt im Glauben, weil er Gott die Ehre gab. Und er war der vollen Gewißheit, daß er, was er verheißen habe, auch zu tun vermöge. Darum ist es ihm auch zur Gerechtigkeit gerechnet worden.«

2Tim 2,13: ». . . wenn wir untreu sind – er bleibt treu, denn er kann sich selbst nicht verleugnen.«

Schließlich nennt Jeschua sich selbst in Offb 3,14 »Amen, der treue und wahrhaftige Zeuge«. Hier gebraucht er alle drei Hauptbegriffe, die in dem hebräischen Wort für ›Glauben‹ wurzeln. Er, und zwar er allein, muß der Brennpunkt unseres Glaubens sein.

»Deshalb laßt nun auch uns, da wir eine so große Wolke von Zeugen um uns haben, jede Bürde und die so leicht umstrickende Sünde ablegen und mit Ausharren laufen den vor uns liegenden Wettlauf, indem wir hinschauen auf . . . [Jeschua], den Anfänger und Vollender des Glaubens . . .« (Hebr 12,1–2).

1 The New International Dictionary of the New Testament, Hrsg. Colin Brown, Bd. 2, S. 116

2 ebd.

3 Art Scroll Tanach Series, Bereshit (Genesis), Bd.1, S. 512

IV. Lehren im Tenach – Jom Kippur

Vorher erörterten wir die grundlegenden Begriffe der Errettung, wie sie im Passahfest veranschaulicht werden. *Jom Kippur*, der Versöhnungstag, ist ein weiterer heiliger Tag, in welchem mehrere unserer grundlegenden Glaubenslehren wurzeln. Vier dieser Lehren sind: Sühne durch Blut, Sünde, Vergebung und der Hohepriester. »Der Versöhnungstag . . . enthält genauso viel Evangelium wie vielleicht irgendein Zeremonialgesetz.«[1])

1. Sühne am Jom Kippur

Jom Kippur, die sechste der sieben von Gott eingesetzten Festversammlungen, findet statt am zehnten Tag des siebten Monats (Tischri) des hebräischen Kalenders und wird im Judentum – mindestens seit der Zeit des zweiten Tempels – als völliger Fastentag begangen (Sach 7,5; Apg 27,9). An diesem Tag wurde – gemäß der Schrift – Sühne bewirkt für alle Ungerechtigkeit, Übertretungen und Sünden Israels (3Mose 16,21f).

Für das jüdische Volk ist dies der heiligste Tag des Jahres. Daher begehen religiöse Juden den Tag in den Synagogen, indem sie fasten, Bußgebete sprechen und daran glauben, daß Gott ihre Gebete hört und beantwortet. Die ganze israelische Nation »schließt«, um diesen biblischen heiligen Tag zu halten. Die Stadt Jerusalem ist »geschlossen«, und der Verkehr ruht völlig – mit Ausnahme einer gelegentlichen Ambulanz.

3Mose 16

3Mose 16 gibt eine detaillierte Beschreibung der Pflichten des Hohenpriesters am *Jom Kippur*. Ohne dieses Kapitel zu verstehen, ist es nahezu unmöglich, den Hebräerbrief im Neuen Testament völlig zu begreifen, welcher besagt, daß Gläubige einen Hohenpriester in Jeschua haben (Hebr 2,17; 3,1; 4,14–15; 5,10; 6,20; 7,26 – 8,2; 9,11; 10,21). Wir geben eine kurze Beschreibung dessen, was an diesem Tag geschah, und zeigen auf, wie Jeschua dieses Ritual erfüllte.

3Mose 16,2: Die Anweisungen wurden ursprünglich auf die Stiftshütte in der Wüste und später auf den Tempel in Jerusalem angewandt. Der Herr sprach die Warnung aus, daß Aaron, der erste Hohepriester, nicht durch den Vorhang ins Allerheiligste kommen dürfe, wann immer er wolle. Aaron mußte sich auf Gottes Weise nähern, indem er etwas brachte, was seine Sünde bedeckte. Das hebräische Wort für Sühne, *kaporah,* bedeutet ›bedecken‹. Jeschua, unser Hoherpriester, betrat das himmlische Allerheiligste und brachte sein eigenes Blut dar (Hebr 9,11–12). Dort befindet er sich in der wahren Stiftshütte (Hebr 8,2; 9,24) und tritt jetzt fürbittend für uns ein (Röm 8,27.34). Somit haben wir als Gläubige fortwährend Zutritt zum Allerheiligsten, aber nicht weil wir Priester sind, sondern weil wir Teil des Leibes des Hohenpriesters sind (Eph 5,30–32). Aus diesem Grund ist unser Platz im Innern des Vorhangs.

»Da wir nun, Brüder, durch das Blut Jesu Freimütigkeit haben zum Eintritt in das Heiligtum, den er uns bereitet hat als einen neuen und lebendigen Weg durch den Vorhang – das ist durch sein Fleisch –, und einen großen Priester über das Haus Gottes, so laßt uns hinzutreten . . .« (Hebr 10,19–22)

3Mose 16,3: Aaron war es gestattet, in Gottes Gegenwart zu treten durch ein Sündopfer und ein Brandopfer. Jeschua brachte sich selbst als Sündopfer dar durch sein Blut (3Mose 17,11; Hebr 9,12–14.22). Er war ebenfalls das vollkommene Brandopfer, indem er sein ganzes Leben vollständig dem Willen des Vaters darbrachte (Hebr 10,5–10).

3Mose 16,4: Der Hohepriester mußte – wenn er in die Gegenwart Gottes trat – heilige Gewänder aus Leinen tragen. Heilige Hilfsmittel, abgesondert von der Welt **und** geheiligt für Gott. Leinen ist ein Symbol für Gerechtigkeit (Offb 19,8). Diese Gewänder wurden im Allerheiligsten getragen, wenn der Hohepriester das Volk vor einem heiligen Gott repräsentierte. Wenn er als Gottes Repräsentant vor dem Volk erschien (3Mose 16,23), legte er seine wunderschön geschmückten Hohepriester-Gewänder an, welche Gottes Ruhm und Majestät symbolisieren (2Mose 39,1–31).

3Mose 16,5: Diese Opfer waren für das Volk Israel (vgl. V.15). Außer in 3Mose 14,2–7 gibt es kein weiteres Beispiel dafür, daß zwei Tiere als ein Opfer dargebracht werden. Wir werden in V.22 sehen, was dies darstellt.

3Mose 16,6: Aaron oder irgendein Hoherpriester mußte sich mit seiner eigenen Sünde befassen, bevor er für sein Volk in den Riß treten konnte. Jeschua brauchte dies nicht zu tun, da er ohne Sünde war (Hebr 7,26–27). Nichts trennte ihn von seinem Vater (Jes 59,2).

3Mose 16,7–8: Nachdem Aaron Blut für seine eigenen Sünden dargebracht hatte, war er in der Lage, als Mittler für sein Volk einzutreten. Er brachte beide Ziegenböcke vor den Herrn, und zwar an den Eingang der Stiftshütte, und warf das Los. Ein Ziegenbock gehörte dem Herrn und wurde als Sündopfer getötet. Der andere Bock – im Hebräischen *asasel* und in einigen Übersetzungen ›Sündenbock‹ genannt – wurde in der Wildnis freigelassen (vgl. V. 20–21).

3Mose 16,9: Der Ziegenbock des Herrn wurde erschlagen zur Versöhnung, als Genugtuung für die göttliche Gerechtigkeit. *»Die Seele, die sündigt, sie soll sterben.«* (Hes 18,4.20) *»Der Lohn der Sünde ist der Tod«* (Röm 6,23). Ebendas vollendete Jeschuas Tod am Kreuz für alle Gläubigen.

Röm 3,24–26: »*. . . und werden umsonst gerechtfertigt durch seine Gnade, durch die Erlösung, die . . .* [im Messias Jeschua] *ist. Ihn hat Gott dargestellt zu einem Sühneort durch den Glauben . . ., daß er gerecht sei und den rechtfertige, der des Glaubens an . . .*[Jeschua] *ist.«*

3Mose 16,10: Dies ist ein erstaunlicher Vers. Auch der lebende Ziegenbock bewirkte Sühne durch seine Freilassung in der Wildnis. Aber Sühne kann eigentlich allein durch das Vergießen von Blut (3Mose 17,11) bewirkt werden. Wir werden das in den Versen 20–22 zur Übereinstimmung bringen.

3Mose 16,11: Dieser wiederholt V.6 und fügt hinzu, daß Aaron selbst das Sündopfer tötete. Jeschua selbst legte sein Leben nieder. *»Niemand nimmt es [mein Leben] von mir, sondern ich lasse es von mir selbst«* (Joh 10,18; vgl. auch 1Joh 3,16).

3Mose 16,12–13: Aaron brachte Weihrauch in das Allerheiligste, um den Sühnedeckel in Rauch zu hüllen, damit er selbst nicht stürbe (V.2). Weihrauch ist ein Sinnbild für die Gebete der Heiligen (Offb 5,8; 8,3–4), ein angenehmes Duftopfer für Gott.

3Mose 16,14: Im Allerheiligsten besprengte der Hohepriester mit dem Blut einmal den Sühnedeckel und siebenmal den Boden. »Diese Handlung bildete den Ritus der Sühne . . .«[2])

Der blutbesprengte Sühnedeckel ist eine Vorausschattung der Sühne durch den Messias. In der Tat ist das im griechischen Neuen Testament in Hebr 9,5 gebrauchte Wort für ›Sühnedeckel‹ dasselbe wie jenes für ›Sühne‹ in Röm 3,25. C.I. Scofield kommentiert diese Tatsache und stellt fest, daß der Sühnedeckel mit dem sühnenden Blut am Versöhnungstag (3Mose 16,14) besprengt wurde und dadurch veranschaulichte, daß das gerechte Urteil des Gesetzes ausgeführt worden war, was den Deckel des Gerichts in einen Sühnedeckel verwandelte (Hebr 9,11–15; vgl. ›Thron der Gnade‹, Hebr 4,14–16; ›Ort der Gemeinschaft‹, 2Mose 25,21–22). Daher betreten wir auf der Grundlage von Jeschuas vollbrachtem Werk das Allerheiligste, um unserem Gott zu begegnen. (Betreffs ›besprengen‹ vgl. Jes 52,15.)

3Mose 16,15: Dieser Vers symbolisiert den Punkt, an dem Jeschua als Hoherpriester seinen Dienst für uns beginnt. Alle Opfer bis zu dieser Stelle in 3Mose 16 waren für die Sünden des Hohenpriesters zu bringen. Jeschua brauchte, da er sündlos war, diese Opfer für sich selbst nicht darzubringen (Hebr 7,26–27). Er ist sowohl der Hohepriester als auch das Opfer (Mk 10,45; Joh 1,29). Er vergoß sein Blut am Kreuz und brachte es dann »hinter den Vorhang«, als er von den Toten auferstand und zuerst zu seinem Vater auffuhr (Joh 20,17).

Erstaunlich ist, daß einige religiöse Menschen meinen, sie könnten direkt zu Gott gehen ohne einen Mittler. Nirgendwo in den Schriften finden wir, daß Gott den Mittler-Begriff abgeschafft hätte. Wir alle brauchen jemanden, der zwischen uns und einem heiligen Gott steht. »Und er [Aaron] stand zwischen den Toten und den Lebenden. Da wurde der Plage gewehrt.« (Vergleiche 4Mose 17,6–15 für den Kontext dieses Ereignisses.)

»Denn er ist nicht ein Mann wie ich, daß ich ihm antworten, daß wir zusammen vor Gericht gehen könnten. Es gibt zwischen uns keinen Schiedsmann, daß er seine Hand auf uns beide legen könnte.« (Hi 9,32–33) Gott hatte die Priesterschaft Israel gegeben. Er wollte, daß es eine Nation von Mittlern zwischen ihm und der restlichen Welt sein sollte, d.h., wenn sie seinen Bund halten und seiner Stimme gehorchen würden (2Mose 19, 5–6). Nur der Messias – als Repräsentant der Kinder Israel – war in der Lage, in vollkommenem Gehorsam zu leben. »Denn einer ist Gott, und einer ist Mittler zwischen Gott und Menschen, der Mensch [Jeschua, der Messias] ...» (1Tim 2,5) ». . . und wenn jemand sündigt – wir haben einen Beistand [Anwalt] bei dem Vater: [Jeschua, den Messias], den Gerechten.« (1Joh 2,1)

3Mose 16,16: Dieser Vers ist entscheidend dafür, daß wir das verstehen, was Gott ersehnte, als er die Pläne für die Stiftshütte gab, und dafür, was er von uns – als seinem ewigen Tempel aus »lebendigen Steinen« (1Petr 2,5) – erwartet. Obwohl er unter uns wohnen möchte (2Mose 25,8), verhindert dies unsere Sünde. Das Blut Jeschuas bedeckt unsere Sünden und heißt den Vater willkommen, durch seinen Geist in unserer Mitte zu wohnen (1Joh 1,7; 1Kor 6,19).

3Mose 16,17: Niemand konnte dem Hohenpriester helfen; er mußte allein vor das Angesicht Gottes treten; so auch Jeschua (Mt 26,56).

3Mose 16,18–19: Das Blut war notwendig, um Sühne zu bewirken und um zu reinigen und zu heiligen – sowohl Menschen als auch Dinge.

3Mose 16,20–21: Hier wandte sich die Aufmerksamkeit des Hohenpriesters nun dem lebenden Ziegenbock zu, dem anderen Teil des Sündopfers. Er legte dem Sündenbock die Hände auf und bekannte über ihm die Sünden Israels und legte diese somit auf den Bock. Das ist mehr als symbolisch. Jeder gläubige Israelit empfing Vergebung (vgl. V.30), weil man dieses Ritual im Gehorsam gegenüber Gottes unmittelbarem Wort in diesem Kapitel vollzog. Die Vergebung von Fleischessünden wurde durch das Blut von Stieren und Ziegenböcken bewirkt, aber nicht die Reinigung des Gewissens von Sünde (Hebr 9,13–14).

Was bedeutet das hebräische Wort für ›Sündenbock‹? »›Asasel‹ [ist] eine seltene hebräische Substantiv-Bedeutung: ›Entlassung‹ oder ›gänzliche Beseitigung‹ . . . Es ist der alte Fachausdruck für die vollständige Beseitigung von Sünde und Schuld der Gemeinschaft . . .«[3]) Welche Sünden vergab Gott an diesem Tag? Wenn wir auf das Hebräische für ›Ungerechtigkeit‹, ›Übertretungen‹ und ›Sünden‹ schauen, erkennen wir, wie vergebend Gott im Gesetz war:

›Ungerechtigkeit‹ – Krummheit: bezeichnet ein vorsätzliches Abweichen vom Gesetz Gottes. (Die Opfer dieses Tages reinigten vorsätzliche Ungerechtigkeiten genauso wie Irrtümer und unfreiwillige Sünden.)

›Übertretungen‹ – im Hebräischen ein starker Ausdruck; wörtlich: Rebellion.

›Sünden‹ – ein Verfehlen des Zieles; unabsichtliches Abweichen vom rechten Weg.

3Mose 16,22: Der lebende Ziegenbock wurde in der Wildnis freigelassen, »um alle ihre Ungerechtigkeiten zu tragen«. Der Gedanke des ›Tragens‹ und ›Vergebens‹ wird im Hebräischen durch dasselbe Verb abgedeckt (vgl. Jes 53,4.12). Dieser Teil des Opfers trug die Sünden hinweg, damit sie niemals mehr gesehen würden. *»Er wird sich wieder über uns erbarmen, wird unsere Schuld niedertreten. Und du wirst alle ihre Sünden in die Tiefen des Meeres werfen«* (Mi 7,19).

Warum verwendete Gott zwei Tiere, um ein Sündopfer bildlich darzustellen? Alles, was Jeschua zu unserer Erlösung erwirkte, konnte nicht durch ein Tier allein veranschaulicht werden. Der Ziegenbock des Herrn stellt Jeschuas Tod am Kreuz dar, und der Sündenbock seine Auferstehung. Sein Tod sühnte unsere Sünden (Röm 3,25) und seine Auferstehung rechtfertigte uns (Röm 4,25). Wenn wir sagen, ›gerechtfertigt‹ bedeutet »geradeso als hätte ich nie gesündigt«, dann trug seine Auferstehung unsere Sünden hinweg, damit ihrer nie mehr gedacht werde. Zwei Ziegenböcke – ein Opfer. Der erste tot; der andere lebend. Unser Erlöser wird in diesen beiden verkörpert: tot und danach lebend. Auch wir, als lebendige Opfer für Gott, sind tot uns selbst, aber leben für ihn (Röm 6,2–8).

3Mose 16,23–24: Nach unserer Zählung ist dies in 3Mose die

27. von 32 Stellen, in denen ein Priester Sühne für sein Volk bewirkt. Wiederum sehen wir, daß Sünder jemand anderen – einen Mittler – benötigen, der für ihre Sünden sühnt! (vgl. V. 15)

3Mose 16,27: Die Überreste des Sündopfers, dessen Blut hinter den Vorhang gebracht wurde, wurden außerhalb des Lagers verbrannt. Jeschua, unser Sündopfer, wurde außerhalb des Lagers getötet, und wir werden ermahnt: *». . . laßt uns hinausgehen, außerhalb des Lagers, und seine Schmach tragen.«* (Hebr 13,13)

3Mose 16,29: Alle mußten seelisch leiden. Dies ist als Fasten bezeichnet worden (Ps 35,13; 69,11). Darum ist dieser Tag die ganze Geschichte des jüdischen Volkes hindurch ein völliger Fastentag gewesen. Der Herr setzt fest, daß das Halten dieses Tages *»eine ewige Ordnung sein«* solle für die Kinder Israel und für *»Fremde, die in eurer Mitte wohnen«*. Könnten die Fremden, d.h. Nichtjuden, die sich entschlossen hatten, unter den Kindern Israel zu leben und dem Gott Israels nachzufolgen, eine Vorausschattung des nichtjüdischen Teils der Gemeinde sein (Eph 2,11–19)? Wir sind davon überzeugt. (Vergleiche das Kapitel über *»Das Geheimnis des Messias«*.)

3Mose 16,30: Hierin liegt der Grund, daß dieser Tag im Judentum der heiligste Tag des Jahres genannt wird. Die am *Jom Kippur* erwirkte Sühne versetzte den Sünder in die Lage, *»rein von allen [seinen] Sünden vor dem HERRN«* zu sein. Dieser Vers beweist, daß es Vergebung der Sünden **gab**, die man gemäß dem Gesetz erlangen konnte. Selbstverständlich hat Jeschuas sühnender Tod diese Blutopfer unnötig und wirkungslos für die Reinigung von Sünden gemacht (Hebr 9,26).

3Mose 16,31: Dies war ein Tag völligen Ruhens. Stets kam es Gott auf die Herzenshaltung an (Jer 17,9). Der Hohepriester verrichtete alle Arbeit, um die Sünden zu entfernen; der Sünder ruhte bei dieser Arbeit und mußte lediglich erkennen, daß er Vergebung braucht. Dies vermittelt uns ein vollkommenes Bild der Gnade Gottes.

3Mose 16,32: Der Priester, der für Israel Sühne erwirkte, war gesalbt (dieselbe hebräische Wurzel wie für ›Messias‹) und geheiligt, um anstelle seines Vaters zu dienen. Jeschua ist der Gesalbte, geheiligt für das Amt des Hohenpriesters, indem er seinen Vater und uns repräsentiert (1Tim 2,5; Hebr 3,1–2).

Zusammenfassung

In 3Mose 16 haben wir gesehen, daß der Hohepriester das Allerheiligste hinter dem Vorhang betrat und Sühne erwirkte durch das Blut eines Sündopfers. Er bekannte auch die Sünden des Volkes, indem er sie auf den Kopf des Sündenbocks legte, der ebenfalls Teil des Sündopfers war. Dieser Ziegenbock wurde in die Wildnis getrieben, damit er niemals wieder gesehen werden würde. Dies ermöglichte Israel die Vergebung **und** die Hinwegnahme seiner Ungerechtigkeiten, Übertretungen und Sünden. Gott bereitete seinem Volk eine Möglichkeit, in seinen Augen rein zu sein, so daß er unter ihnen wohnen konnte. Die letztendliche Erfüllung dieses wunderbaren Bildes der Vergebung im Tenach ist der Tod und die Auferstehung des Messias Jeschua.

»Da wir nun, Brüder, durch das Blut . . . *[Jeschuas] Freimütigkeit haben zum Eintritt in das Heiligtum, den er uns bereitet hat als einen neuen und lebendigen Weg* . . . *und einen großen Priester über das Haus Gottes, so laßt uns hinzutreten mit wahrhaftigem Herzen in voller Gewißheit des Glaubens* . . .*«* (Hebr 10,19–22)

2. Sünde

In Kapitel eins wurde bereits aufgezeigt, wie Paulus – ein *».* . . *der heiligen Schrift* . . .*«*, d.h. »des Alten Testaments« kundiger Rabbiner – im Römerbrief etwa 60mal den Tenach verwendete bzw. auf diesen verwies. Das war sein Beweis dafür, daß die größeren Glaubenslehren – wie wir sie im Neuen Testament vorfinden – von Gott sind. Paulus wußte, wenn eine Lehre von Gott sein soll, dann muß sie bestätigen, was Gott vorher im Tenach gesagt hatte. Genau das legte der Herr selbst eindeutig durch seinen Propheten Jesaja dar: *»Hin zum Gesetz und zum Zeugnis! Wenn sie nicht gemäß diesem Wort sprechen, dann deshalb, weil kein Licht in ihnen ist.«* (Jes 8,20; NKJV)

Finden wir im Tenach eine umfassende Aussage über ›Sünde‹ wie die des Paulus in Röm 3,23? ». . . *alle haben gesündigt und erlangen nicht die Herrlichkeit Gottes«.*

Bereits in 1Mose 6,5 – also vor der Sintflut – stellt die Bibel fest: ». . . *der HERR sah, daß die Bosheit des Menschen auf der Erde groß war und alles Sinnen der Gedanken seines Herzens nur böse den ganzen Tag.«* (Im Hebräischen bedeutet *kol jom* wörtlich: ›den ganzen Tag‹ bzw. ›jeden Tag‹.) Nach der Sintflut tut Gott kund: *»Nicht noch einmal will ich den Erdboden verfluchen um des Menschen willen; denn das Sinnen des menschlichen Herzens ist böse von seiner Jugend an«* (1Mose 8,21). In beiden Versen konzentriert Gott sich auf das Herz; und der Zustand des menschlichen Herzens wird als ›böse‹ sein Leben lang bezeichnet. *»Trügerisch ist das Herz, mehr als alles, und unheilbar ist es. Wer kennt sich mit ihm aus?«* (Jer 17,9)

In 3Mose 16 mußte der Hohepriester Sühne erwirken für jeden im Lager Israels – einschließlich seiner selbst. Niemand war ausgenommen von dieser Notwendigkeit der Sühne für seine Sünde (3Mose 16, 6.11.17.24.33–34).

König Salomo, den die Schrift als den weisesten Menschen bezeichnet, der je gelebt hat (1Kön 3,12), erkannte die Wahrheit über unseren ständigen Hang zum Sündigen. Bei der Tempeleinweihung in Jerusalem betete er zu Gott: *»Wenn sie gegen dich sündigen – denn es gibt keinen Menschen, der nicht sündigt . . .«* (1Kön 8,46). In Spr 20,9 hat Salomo folgende Einsicht: *»Wer darf sagen: Ich habe mein Herz rein gehalten, ich bin rein von meiner Sünde?«* Später in seinem Leben gelangte er zu einer weiteren Erkenntnis: ». . . *kein Mensch auf Erden ist gerecht* (hebräisch – *zadik*), *daß er Gutes täte und niemals sündigte«* (Pred 7,20; vgl. auch Spr 20,9). Sogar die Gerechten, die Gott gefallen wollen und gemäß allen seinen Offenbarungen wandeln möchten, können es nicht vermeiden zu sündigen.

Der Prophet Jesaja sagt etwas Entsprechendes in Kap. 64,5: *»Wir alle sind wie ein Unreiner geworden und all unsere Gerechtigkeiten wie ein beflecktes Kleid.«* Diese letzten zwei Verse rügen jene, die versuchen, sich ihr Heil zu verdienen. Es gibt nicht nur ›nicht einen‹, nicht einmal einen ›gerechten Menschen‹, der es vermeiden kann zu sündigen, sondern Gott sagt, daß sogar unsere gerechten Taten wie befleckte Kleider (hebräisch: das blutige Gewand einer menstruierenden Frau) in seinen Augen sind! Deshalb stellt der Geist Gottes – sogar im Tenach – fest, daß wir alle ohne seine Gnade hoffnungslos verloren wären.

Hier folgen einige andere Verse aus dem Tenach, die diese Wahrheit betonen, daß »alle gesündigt haben«. Der Psalmist ruft in Ps 130,3 aus: »Wenn du, Jah, die Sünden anrechnest, Herr, wer wird bestehen?« In Ps 143,2 bittet König David den Herrn: »Gehe nicht ins Gericht mit deinem Knecht! Denn vor dir ist kein Lebendiger gerecht.« Wenn Gott uns richtete gemäß seinem legalen Recht als unser Schöpfer, der darauf besteht, daß wir vor ihm heilig und ohne Tadel wandeln (3Mose 11,44–45; 1Petr 1,16), dann stünden wir alle armselig da. Jesaja stellt dies auch in Kap. 53,6 fest: »Wir alle irrten umher wie Schafe, wir wandten uns jeder auf seinen (eigenen) Weg . . .«

Im Neuen Testament sagt Paulus, daß wir unsere sündige Natur geerbt haben von unserem Vater Adam, dem natürlichen Haupt der menschlichen Rasse (Röm 5,14–21; 1Kor 15,21–22). Können wir die Wurzeln dieser Wahrheit im Tenach finden?

In 1Mose 5,1–3 haben wir einen tiefgründigen Kommentar von dem Autor Mose über das Resultat der Sünde Adams: »An dem Tag, als Gott Adam erschuf, machte er ihn Gott ähnlich . . . Und Adam . . . zeugte (einen Sohn) ihm ähnlich, nach seinem Bild . . .« Da »Gott Geist ist« (Joh 4,24), wurde Adams Geist nach seinem Bild erschaffen. Diese Ähnlichkeit starb, als Adam und Eva sündigten (Eph 2,1.5), und alle ihre Nachkommen wurden nach **ihrem** Bild und ihnen ähnlich geboren. Allein dadurch, daß wir von oben geboren werden, wird unser Geist wieder erweckt (Joh 3,6–7); und dies ist der Beginn dafür, daß wir in das Bild des Sohnes Gottes, Jeschuas, verwandelt werden (Röm 8,29).

Sowohl Ps 51,7 (»Siehe, in Schuld bin ich geboren, und in Sünde hat mich meine Mutter empfangen.«) als auch Ps 58,4 (»Abgewichen sind die Gottlosen von Mutterschoß an, es irren von Mutterleibe an die Lügenredner.«) zeigen an, daß Babys mit einer sündigen Natur geboren werden. Wer je gesehen hat, wie ein liebes kleines Baby sich plötzlich in einen rebellischen Schreihals verwandeln kann, weil es nicht seinen Willen bekam, der ist einer perfekten Demonstration der sündigen Natur begegnet: ich, meiner, mir, mich!

Hier sind einige andere Ausdrücke, die der Tenach gebraucht, um ›Sünde‹ zu beschreiben: Unglaube, Mangel an Vertrauen, Herzenshärtigkeit, Ungehorsam, Halsstarrigkeit, Rebellion.

3. Blut

›Sühne‹ ist die Bedeckung und somit die Vergebung von Sünden. Das »Theological Wordbook of the Old Testament« sagt folgendes über das hebräische Wort für ›Sühne‹ – *kephar*: »Von der Bedeutung des Wortes *kopher* (loskaufen) her kann die Bedeutung von *kephar* verstanden werden . . . als ›sühnen durch das Opfern eines Stellvertreters‹.«[4]) Hierfür haben wir ein gutes Beispiel in 2Mose 21,30: »*. . . soll er als Lösegeld für sein Leben alles geben (kopher).*« Die Hauptbedeutung dieses hebräischen Wurzelwortes ist ›bedecken‹.

Hebr 9,22 enthält die klarste Aussage über ›Sühne durch Blut‹ im Neuen Testament: »*. . . ohne Blutvergießen gibt es keine Vergebung*« und basiert auf 3Mose 17,11 (vgl. unten). Dieser Vers steht im Zusammenhang mit des Schreibers Argument, daß Jeschuas Blut notwendig war zur Errichtung eines neuen Bundes zwischen Gott und den Menschen. Der hebräische Ausdruck für ›einen Bund schließen‹ ist wörtlich »einen Bund schneiden [und deshalb] ein Blutopfer darbringen als Teil des Bundesrituals«.[5]) Wir verstehen Jeschuas Worte über den Weinkelch während seines letzten Abendmahls (ein Passahmahl) besser, wenn wir erst einmal erkennen, daß die Besiegelung eines Bundes Blutvergießen erfordert.

»Und er nahm einen Kelch und dankte und gab ihnen ⟨den⟩ und sprach: Trinkt alle daraus! Denn dies ist mein Blut des Bundes, das für viele vergossen wird zur Vergebung der Sünden« (Mt 26,27–28). Vergleiche auch Mk 14,23–24; Lk 22,20.

Die ganze Schrift hindurch verdeutlicht Gott, daß das Blut nicht irgendeine willkürliche magische Substanz ist, die Sühne bewirkt. Blut ist erforderlich, weil es das Leben des Individuums enthält. Der Herr stellt fest, daß die *»Seele, die sündigt, sie soll* *sterben«* (Hes 18,4.20). ›Seele‹ (hebräisch: *nephesch*) »bezeichnet das ›Leben‹ eines Individuums«.[6]) 3Mose 17,11 und 14 besagt: »*Denn das Leben* [nephesch] *des Fleisches ist im Blut, und ich habe es euch für den Altar gegeben, Sühnung für eure Seelen zu erwirken. Denn das Blut ist es, das Sühnung tut für die Seele ... denn das Leben* [nephesch] *allen Fleisches ist sein Blut.*« [NKJV] (Vergleiche dazu auch 1Mose 9,4; 5Mose 12,23; Hebr 9,11–22.) So wurde ein Opfer, dessen Blut auf dem Altar Gottes vergossen wurde, ein Stellvertreter für die Seele des Sünders, d.h. für sein Leben, indem es das göttliche Gesetz erfüllte: ein Leben (*nephesch*) für ein Leben (*nephesch*). (Vergleiche 2Mose 21,23 und 5Mose 19,21.)

Gott benutzt die rote Körperflüssigkeit als solche als Symbol für das Leben des Fleisches. Die New King James Version übersetzt das hebräische Wort ›Blut‹ als ›Leben‹. 3Mose 19,16 lautet in der New King James Version »*gegen das* **Leben** *deines Nächsten*«; in der King James Version und original im Hebräischen »*gegen das* **Blut** *deines Nächsten*«. So repräsentiert in der Schrift ›Blutopfer‹ das Leben eines Geschöpfs und wird stellvertretend genommen für das Leben einer Person, welches sonst verwirkt wäre aufgrund ihrer Sünde.

Unsere Errettung hängt direkt von dieser Tatsache ab. Jeschua gab sein Leben für uns, indem er sein Blut vergoß als unser Stellvertreter/Opfer; sein Leben für unser Leben. Mt 20,28 besagt: »*. . . der Sohn des Menschen (ist) nicht gekommen . . ., um bedient zu werden, sondern um zu dienen und sein Leben zu geben als Lösegeld für viele.*« (Vgl. auch Joh 6,47–54; 1Joh 3,16)

Deshalb mußte Jeschua, um Stellvertreter für die Menschheit zu sein, in einer bestimmten Weise sterben. Er mußte sein Blut (**Gottes Blut** gemäß Apg 20,28! Vergleiche dies mit 2Mose 15,13.16.) vergießen. Dies tat Gottes Gerechtigkeit Genüge, während es seine Barmherzigkeit zur Vergebung freisetzte (Röm 3,23–26). Das wird in Jes 53,10 vorhergesagt: »*Doch dem Herrn gefiel es, ihn zu zerschlagen. Er hat ihn leiden lassen. Wenn er sein Leben als Schuldopfer eingesetzt hat . . .*« Es war Jeschuas Seele (*nephesch* - Leben), die für unsere Sünde geopfert wurde. Judas sagte: »*Ich habe gesündigt, denn ich habe schuldloses Blut überliefert*« (Mt 27,4). Gott verkündigt, daß das sündlose Leben Je schuas ausgetauscht wurde gegen unser sündiges Leben durch sein am Kreuz vergossenes Blut.

Jesaja 53 analysiert den Austausch, den unser Herr vollbrachte, indem er an unserer Stelle starb. Dies legt dar, daß Jeschua unsere Leiden und unsere Sorgen trug (53,4); durchbohrt wurde um unserer Vergehen willen, zerschlagen um unserer Sünden willen und gestraft wurde zu unserem Frieden (53,5); getroffen wurde von unser aller Schuld (53,6); getroffen wurde von der Strafe wegen des Vergehens seines Volkes (53,8); seine Seele ein Opfer war für Sünde (53,10); und er die Sünde vieler trug (53,12). All dies wurde ermöglicht, weil Jeschua selbst sagte: »*Meint nicht, daß ich gekommen sei, das Gesetz oder die Propheten aufzulösen; ich bin nicht gekommen, aufzulösen, sondern zu erfüllen*« (Mt 5,17). In diesem Fall erfüllte er – hinweisend auf seinen Tod am Kreuz – den Glaubensgrundsatz des stellvertretenden Blutopfers, wie er im Tenach beschrieben wird.

Wie erlangten vor Jeschuas Sühne die Menschen, die Gott ein Opfer darbrachten, Vergebung? »*Ohne Glauben aber ist es unmöglich, ihm wohlzugefallen* . . .« (Hebr 11,6). Der Schreiber des Hebräerbriefes gibt weitere Beispiele für diesen biblischen Glauben, indem er auf jene »*große Wolke von Zeugen*« (Hebr 12,1) blickt, Helden und Heldinnen des Tenach. ›Glaube‹ wird im Tenach häufig verkörpert durch das Wort ›Vertrauen‹.

Vor der Zeit Jeschuas war es jedem Israeliten, der Gottes Wort kannte, bewußt, daß er Sühne für seine Sünde brauchte, und er brachte ein stellvertretendes Opfer zum Priester. Er glaubte/ vertraute, daß das, was Gott sagte, wahr ist, nämlich daß Sünden Blutvergießen erfordern, um vergeben zu werden. Er handelte gemäß diesem Wort und war versöhnt mit Gott. **Wenn** jedoch das Ritual nicht im Glauben vollzogen wurde, sondern nur als tote Tradition, dann würde Gott – der stets den Herzenszustand anschaut – nicht vergeben. (Vgl. z.B. 1Mose 4,4–5; Hebr 11,4; 1Sam 15,22; Ps 34,23; 51,16–17.19; Spr 21,27; Jes 1,10–20; Jer 7,21–23; Hos 6,6; Am 5,21–24; Mi 6,6–8; Mal 3,3; Mk 12,33–34)

Werke führen nie und führten nie zur Errettung, aber gepaart mit Glauben offenbaren sie eine Beziehung zu dem lebendigen Gott (Tit 2,14; 3,8; 3,14). Werke ohne Glauben sind genauso tot wie Glaube ohne Werke (Jak 2,20), aber zusammen ergeben sie eine unschlagbare Kombination.

»Und sie haben ihn überwunden um des Blutes des Lammes [Glaube] *und um des Wortes ihres Zeugnisses* [Glaube und Werke] *willen, und sie haben ihr Leben nicht geliebt bis zum Tod* [Werke]*»* (Offb 12,11).

1 Matthew Henry's Commentary, Bd. 1, S. 504
2 The Pentateuch and Haftorahs, Hrsg. J.H. Hertz, S. 482
3 ebd. Hertz, S. 481
4 Theological Wordbook of the Old Testament, (TWOT), Hrsg. Harris, Archer, Waltke, Bd.1, S. 453
5 WOT, Bd.1, S. 128
6 TWOT, Bd.2, S. 589

V. Die Neue Geburt

Einige Gläubige haben den irrtümlichen Eindruck, daß Gott im Tenach nur äußerliche Werke fordere. Sie meinen vielleicht auch, er befasse sich seit der Verwirklichung des Neuen Bundes nur noch mit dem Zustand unserer Herzen. Aber diese Sichtweise steht nicht in Übereinstimmung mit dem Wort Gottes. Sowohl im Tenach als auch im Neuen Testament gilt Gottes Interesse in erster Linie dem Zustand des Herzens. Zusätzlich erwartet er auch gute Werke.

Es ist offensichtlich: Gott will, daß unsere Herzen vor ihm in Ordnung sind. Ein hauptsächlicher Vorzug beim Erfahren der Wiedergeburt besteht darin, daß Gott anfängt, unsere Herzen zu reinigen durch den Glauben. *»Und Gott, der Herzenskenner, gab ihnen* [den Nichtjuden] *Zeugnis, indem er ihnen den Heiligen Geist gab wie auch uns; und er machte keinen Unterschied zwischen uns und ihnen, da er durch den Glauben ihre Herzen reinigte«* (Apg 15,8–9; vgl. auch 1Thess 3,13).

Hier einige weitere Schriftstellen aus dem Neuen Testament, die das ›Herz‹ als einen Bereich beschreiben, den Gott verändern will durch Erneuerung – der theologische Begriff für ›Wiedergeburt‹:

Mt 5,8: *»Glückselig, die reinen Herzens sind, denn sie werden Gott schauen.«* (vgl. auch Mt 15,18)

Röm 10,8–10: *»›Das Wort ist dir nahe, in deinem Mund und in deinem Herzen.‹ Das ist das Wort des Glaubens, das wir predigen, daß, wenn du mit deinem Mund Jesus als Herrn bekennen und in deinem Herzen glauben wirst, daß Gott ihn aus den Toten auferweckt hat, du errettet werden wirst. Denn mit dem Herzen wird geglaubt zur Gerechtigkeit . . .«* (vgl. auch Apg 8,37)

Eph 3,17: *». . . daß der . . .* [Messias] *durch den Glauben in euren Herzen wohne . . .«* Hebr 3,12: *»Sehet zu, Brüder, daß nicht etwa in jemandem von euch ein böses Herz des Unglaubens sei im Abfall vom lebendigen Gott.«*

1. Wurzeln der Neuen Geburt

Der Begriff ›Wiedergeborensein‹ oder ›von oben geboren‹ ist so zentral für unseren Glauben, daß Jeschua selbst sagte, wenn jemand nicht wiedergeboren sei, könne er nicht in das Reich Gottes gelangen (Joh 3,3). Danach stellte Jeschua sehr klar fest: »*Ihr müßt von neuem geboren werden*« (Joh 3,7). Er sprach zu Nikodemus, einem Leiter der Juden, den viele heutige Gelehrte für den führenden Lehrer jener Zeit in Israel halten. Nikodemus reagierte überrascht auf die Äußerung des Messias, aber Jeschua deutete an, daß ihn dieser Begriff nicht hätte überraschen sollen, indem er fragte: »*Du bist der Lehrer Israels und weißt das nicht?*« (Joh 3,10). Damit deutete er an, daß dieser entscheidende Begriff vorkomme im Tenach, der Bibel des Nikodemus.

Um die Wurzeln dieses Begriffs zu untersuchen, sei zunächst das ›Wiedergeborensein‹ definiert. »Erneuerung oder neue Geburt ist eine innere Wieder-Schöpfung der gefallenen menschlichen Natur durch das gnädige souveräne Wirken des Heiligen Geistes . . ., ›eine radikale und vollständige Verwandlung – gewirkt in der Seele‹ . . .«[1])

Ein Ausdruck, den die Schrift im Tenach und auch im Neuen Testament gebraucht, der die innere Natur der menschlichen Seele umfaßt, die wiedergeboren werden muß; dieser Ausdruck ist das Wort ›Herz‹. Betrachten wir, was ›Herz‹ im ursprünglichen Hebräisch und Griechisch bedeutet:

Hebräisch – *lev* – »das Herz, das Zentrum oder die Mitte von etwas . . . es ist üblich, diesen Ausdruck [im Tenach] zu erklären als die Gesamtheit des menschlichen Inneren oder der immateriellen Natur . . . In der Bibel wird das ganze Spektrum menschlicher Emotionen dem Herzen zugeschrieben . . . Weisheit und Verständnis wohnen im Herzen (1Kön 3,12; Spr 16,23). Es ist fast ein Synonym für ›Sinn‹ (2Chr 9,23) oder Wahrnehmungsvermögen (1Kön 3,12). Es kann jedoch getäuscht werden (Jes 44,20). Das Herz ist der Sitz des Willens (4Mose 16,28 [für die Wörter ›Sinn‹ bzw. ›Verstand‹ in der KJV und ›Wille‹ in der NKJV steht im Hebräischen das Wort *lev*, Herz]; Ri 9,3; 2Chr 12,14). Es abzulehnen, die angemessene Entscheidung zu treffen, bedeutet, das Herz zu verhärten (2Mose 10,1; Jos 11,20). Das Herz ist der Sitz des moralisch Bösen (Jer 17,9).«[2])

Griechisch – *kardia* – »Die Schrift schrieb dem Herzen zu: Denken, Vernunft, Verständnis, Wille, Urteilsvermögen, Planen, Gemütsbewegungen, Liebe, Haß, Furcht, Freude, Sorge und Zorn . . . Deshalb wird der Begriff ›Herz‹ für ›Sinn‹ im allgemeinen gebraucht (Mt 12,34; Joh 13,2; Röm 2,15; 10,9–10); das Verständnis (Lk 3,15; Apg 28,26–27; Röm 1,21; 2Kor 4,6); den Willen (Apg 11,23; 13,22); die Erinnerung (Lk 1,66; 2,51); die Absicht, Emotion oder das Verlangen (Mt 6,21; 18,35; Mk 7,6; Lk 1,17; Apg 8,21); das Gewissen (1Joh 3,20–21).«[3])

Gemäß dem biblischen Gebrauch ist es demnach offensichtlich, daß der Ausdruck ›Herz‹ die Gesamtheit des menschlichen Inneren einschließt. Wenn wir die obigen Definitionen zusammenfassen, können wir sagen, daß ›Herz‹ in der Schrift Sinn, Gefühle und Willen des Menschen beinhaltet.

Wenn wir diese biblische Definition anwenden, können wir dann die Wurzeln des Wiedergeborenseins im Tenach sehen? Der klassische Ausdruck, der verwendet wird, ist ›Beschneidung des Herzens‹. Gott stellt die ›Herzens‹frage in unserem Leben auch auf andere Weise:»In Prophetien [des Tenach] wird die Erneuerung als Gottes Werk geschildert, mit dem er die Herzen der Israeliten erneuert, beschneidet und weich macht, sein Gesetz auf sie schreibt und dadurch bei deren Eigentümern bewirkt, daß sie ihn kennen, lieben und ihm gehorchen wie niemals zuvor (5Mose 30,6; Jer 31,31–34; 32,39–40; Hes 11,19–20; 36,25–27). Es ist ein souveränes Werk der Reinigung von der Befleckung durch Sünde (Hes 36,25; vgl. Ps 51,12).«4)

Der Tenach nennt sehr genau die Forderungen, die unser Herr an jene stellt, die sich ihm nahen. Ein Beispiel wäre Ps 24,3–4: *»Wer darf hinaufsteigen auf den Berg des HERRN und wer darf stehen an seiner heiligen Stätte? Der unschuldige Hände und ein reines Herz hat . . .«* Dieselben Kriterien finden wir bei Mt 5,8. Ps 51,12 erfleht:*»Erschaffe mir, Gott, ein reines Herz, und erneuere in mir einen festen Geist!«*

Der Tenach stellt auch eindeutig fest, daß alle gesündigt haben; alle sind chronisch und hochgradig herzkrank. Schon in 1Mose 6,5 lesen wir:*»Und der HERR sah, daß die Bosheit des Menschen* *auf der Erde groß war und alles Sinnen der Gedanken seines Herzens nur böse den ganzen Tag.«* Gott ruft durch den Propheten Jeremia über den Zustand des menschlichen Herzens aus: *»Die Sünde Judas ist . . . eingegraben in die Tafel ihres Herzens . . . Trügerisch ist das Herz, mehr als alles, und unheilbar ist es. Wer kennt sich mit ihm aus?«* (Jer 17,1.9)

Um uns ein Bewußtsein für die Notwendigkeit einer Herzoperation zu geben – ›Beschneidung des Herzens‹ in der Schrift genannt –, fordert Gott uns heraus, es selbst zu tun. Er weiß: Bis wir nicht davon überzeugt sind, daß wir es ohne ihn nicht vermögen, erlaubt es unser Stolz nicht, uns ihm demütig zu unterwerfen. So sagt der HERR durch Mose: *»Nur deinen Vätern hat der HERR sich zugeneigt, sie zu lieben. Und er hat ihre Nachkommen nach ihnen, ⟨nämlich⟩ euch, aus allen Völkern erwählt . . . So beschneidet denn die Vorhaut eures Herzens und verhärtet euren Nacken nicht mehr«* (5Mose 10,15–16).

Mose fährt dann in 5Mose fort, alles das zu verkündigen, was Gott von uns fordert, falls wir es vorziehen, aus eigener Gerechtigkeit zu leben. Doch sehr oft spricht er vom ›Herzen‹ als dem wahren Problem (vgl. die Verse 4,9.29; 5,29; 8,2.5; 9,4–5; 10,12; 17,17; 28,47; 30,14). Schließlich prophezeit Mose über die neue Geburt in Kap.30,6: *»Und der HERR, dein Gott, wird dein Herz und das Herz deiner Nachkommen beschneiden, damit du den HERRN, deinen Gott, liebst mit deinem ganzen Herzen und mit deiner ganzen Seele, daß du am Leben bleibst.«* Gott ist es, der die Operation an harten Herzen vornimmt; wir sind errettet aus Gnade (Eph 2,8).

2. Auswirkungen der Neuen Geburt

In dieser Zeit, in der eine Mentalität des ›Was-kann-der-Herr-für-mich-tun?‹ herrscht, ist es wichtig, daß wir unsere Aufmerksamkeit darauf richten, weshalb Gott uns errettet. Er errettet uns, damit wir ihn lieben können mit allem, was in uns ist. Jeschua sagt, ›ihn zu lieben‹ bedeute, seinen Geboten zu gehorchen: *»Wenn ihr mich liebt, werdet ihr meine Gebote halten . . . Wer meine Gebote hat*

und sie hält, der ist es, der mich liebt . . . Wenn jemand mich liebt,
wird er mein Wort halten . . . Wer mich nicht liebt, hält meine Worte
nicht . . .« (Joh 14,15.21. 23–24; Johannes formuliert dies neu in
1Joh 2,3–5). Genau das hat Gott verheißen, durch die neue Geburt
auszuführen.

Gott läßt Jeremia über den Neuen Bund prophezeien (31,31–
34). Diese Verse werden zweimal im Hebräerbrief zitiert (8,8–12;
10,16–17). Der Schreiber benutzt sie, um zu beweisen, daß das,
was Jeschua durch seinen Tod erkaufte, genau das war, worauf
Jeremia hinwies. Der Herr legte weder in Jeremia noch im Hebräerbrief dar, daß der Neue Bund sein Gesetz abschaffen würde,
sondern daß er sein Gesetz souverän in unseren Sinn legen und es
in unser Herz schreiben würde. In Übereinstimmung damit sagt
Paulus in Röm 8,4, daß wir – wenn wir vom Geist geleitet werden
– *»die Rechtsforderung des Gesetzes* [Gottes]*«* erfüllen würden.
Das Wort ›Gesetz‹ – im Hebräischen *Torah* – bedeutet ›Gottes
Unterweisung‹, ›seine Belehrung‹, ›sein Weg‹, und nicht lediglich
eine Auflistung starrer Gebote.

Hesekiel spricht auch von der neuen Geburt. In 11,19–20 verkündet der Prophet, daß Gott Israel ein Herz geben und einen
neuen Geist in sie legen werde. Warum? *». . . damit sie in meinen
Ordnungen leben und meine Rechtsbestimmungen bewahren und
sie befolgen.«* Gott formuliert diesen Gedanken des Gehorsams
gegenüber seinem Wort sogar noch nachdrücklicher, wenn er in
Hes 36,26–27 sagt: *»Und ich werde euch ein neues Herz geben
und einen neuen Geist in euer Inneres geben . . . ich werde meinen
Geist in euer Inneres geben; und ich werde machen, daß ihr in
meinen Ordnungen lebt und meine Rechtsbestimmungen bewahrt
und tut.«*

Verstehen wir, daß dies ebenso unser Herr Jeschua und die
Schreiber des Neuen Testaments aussagten? Ja, wir **sind** errettet
aus Gnade durch Glauben. Es ist eine Gabe, die nicht von irgend
etwas abhängt, was wir tun, damit wir keinen Grund haben, uns
zu rühmen (Eph 2,8–9). Aber wie leben wir nach der Errettung?
Können wir behaupten, Gläubige zu sein, und tun, was auch
immer wir wollen; oder wird uns im Neuen Testament **geboten**,
die guten Werke zu tun, die Gott für uns bestimmt hat?

Mt 5,16: *»So soll euer Licht leuchten vor den Menschen, damit* *sie eure guten Werke sehen und euren Vater, der in den Himmeln ist, verherrlichen.«*

Mt 7,24: *»Jeder nun, der diese meine Worte hört und sie tut, den werde ich einem klugen Mann vergleichen . . .«*

Joh 14,15: *»Wenn ihr mich liebt, so werdet ihr meine Gebote halten.«*

Einige mögen einwenden, daß diese Worte Jeschuas geäußert wurden, bevor er am Kreuz starb, und somit nach dem Kreuz auf Christen nicht anwendbar seien; oder sie mögen einwenden, daß alle diese Äußerungen für jüdische Gläubige bestimmt seien und damit nicht anwendbar auf Christus-Gläubige aus den Nationen. Dazu ist folgendes zu bedenken:

Tit 2,13–14: *». . . indem wir die glückselige Hoffnung und Erscheinung der Herrlichkeit unseres großen Gottes und Heilandes . . . [Jeschua, des Messias] erwarten. Der hat sich selbst für uns gegeben, damit er uns loskaufte von aller Gesetzlosigkeit und sich selbst ein Eigentumsvolk reinigte, ⟨das⟩ eifrig ⟨sei⟩ in guten Werken.«*

Tit 3,8.14: *»Das Wort ist gewiß; und ich will, daß du auf diesen Dingen fest bestehst, damit die, welche Gott geglaubt haben, Sorge tragen, gute Werke zu betreiben . . . Laß aber auch die Unseren lernen, für die notwendigen Bedürfnisse sich guter Werke zu befleißigen . . .«*

Jak 2,14.17–18: *»Was nützt es, meine Brüder, wenn jemand sagt, er habe Glauben, hat aber keine Werke? Kann etwa der Glaube ihn retten? . . . So ist auch der Glaube, wenn er keine Werke hat, in sich selbst tot . . . zeige mir deinen Glauben ohne Werke, und ich werde dir aus meinen Werken den Glauben zeigen.«*

Offb 14,12: *»Hier ist das Ausharren der Heiligen, welche die Gebote Gottes und den Glauben . . . [Jeschuas] bewahren.«*

Nun erkennen wir, daß Gottes beständiger Appell von 1Mose bis zum Buch der Offenbarung sich an das menschliche Herz richtet. Nur er allein kennt wirklich unser Herz (Jer 17,9–10). Wenn wir schließlich erkennen, daß in uns nichts Gutes ist (Röm 7,18), dann offenbart er uns, daß wir ihn unbedingt brauchen. Nachdem wir von unserem Vater ein neues Herz und einen neuen Geist empfangen haben, erwartet er, daß die Frucht unserer Liebe zu ihm sichtbar wird vor den Menschen in guten Werken, die ihm

Ehre bereiten. *»Höre, Israel: Der HERR ist unser Gott, der HERR allein! Und du sollst den HERRN, deinen Gott, lieben mit deinem ganzen Herzen und mit deiner ganzen Seele und mit deiner ganzen Kraft. Und diese Worte, die ich dir heute gebiete, sollen in deinem Herzen sein«* (5Mose 6,4–6).

1 Evangelical Dictionary of Theology, Hrsg. Walter A. Elwell, S. 924
2 The Hebrew – Greek Key Study Bible, ›Lexical aids to the Old Testament‹, Hrsg. Spiros Zodhiates, Th.D., S. 1603
3 ebd. Zodhiates, S. 1701
4 ebd. Elwell, S. 925

VI. Das Geheimnis des Messias: die Braut im Tenach

Beim Lesen von Eph 3,4–6 kann einem die Frage kommen, was Paulus, der jüdische Gläubige, wohl gedacht haben mag: ».. . *ihr (könnt) meine Einsicht in das Geheimnis des Christus merken . . . Die Nationen sollen nämlich Miterben* [mit den Juden] *und Miteinverleibte* [mit den Juden] *sein und Mitteilhaber* [mit den Juden] *der Verheißung in Christus Jesus* [dem jüdischen Messias] *durch das Evangelium . . .*« Paulus erklärte, daß die Einbeziehung der Nichtjuden zusammen mit dem jüdischen Volk in Gottes Heilsplan das Geheimnis war, welches ihm vom Geist Gottes geoffenbart worden war.

Zur Erforschung der Tenach-Wurzeln über die Teilhabe der Nichtjuden an der dem jüdischen Volk von Gott verheißenen Errettung, ebenso wie zur Erforschung des Begriffes eines weltweiten Leibes von Gläubigen, d.h. der Braut, müssen wir verstehen, daß das Wort ›Geheimnis‹ – wie es im Neuen Testament gebraucht wird – bedeutet: »Eine göttliche Wahrheit, die früher verborgen war, aber jetzt auf übernatürliche Weise den Menschen geoffenbart wurde, welche vollständig nur von erretteten Personen durch Erleuchtung des Heiligen Geistes verstanden werden kann.«[1])

Das überraschendste Handeln Gottes im Leben der frühen »Gemeinde« war **nicht** die jüdische Errettung, sondern daß » . . .*Gott . . . auch den Nationen die Buße zum Leben gegeben hat*« durch Jeschua, den jüdischen Messias (Apg 11,18). Wie mag Rabbi Saul voll Freude gewesen sein, als er in Kol 1, 25–27 schrieb: » . . . *das Wort Gottes . . ., das Geheimnis . . . das ist: . . .* [Messias] *in euch* [Nichtjuden!], *die Hoffnung der Herrlichkeit*«! Juden **und** Nichtjuden haben jetzt in gleicher Weise Zutritt zu Gott durch den Messias, der dem jüdischen Volk verheißen war! Und im Messias Jeschua sind sie eins, obwohl sie verschiedene Teile desselben Leibes sind.

1. Prophetien über die Errettung von Nichtjuden

Können wir nun – da dieses Geheimnis uns durch das Neue Testament gänzlich geoffenbart worden ist – sein Wurzelsystem im Tenach finden? Das Neue Testament legt dar, daß das Evangelium sogar vor der Geburt des Messias verkündigt worden ist. »*Die Schrift* [das Alte Testament] *aber, voraussehend, daß Gott die Nationen* [das hebräische Wort ›*goyim*‹ kann übersetzt werden als ›Nationen‹, ›Heiden‹ oder ›Nichtjuden‹] *aus Glauben rechtfertigen werde, verkündigte dem Abraham voraus: ›In dir werden gesegnet werden alle Nationen‹*« (Gal 3,8).

Diesen Vers, den Paulus in Gal 3,8 zitiert, finden wir nicht nur in 1Mose 12,3, sondern er wird Abraham in 1Mose 18,18 und 22,17–18 bestätigt. Der Herr verkündigt dasselbe »Evangelium« auch Isaak (1Mose 26,3.4) und Jakob (1Mose 28,13–14). Gott prophezeit, daß durch den »Samen« Abrahams, Isaaks und Jakobs (d.h. durch die Nation Israel und durch das jüdische Volk) alle Nationen/Nichtjuden gesegnet sein werden.

Wenn wir zurückschauen durch den Filter des Neuen Testaments, verstehen wir, daß der letztendliche Same Jeschua selbst ist, der vollkommene Repräsentant Israels. Er war derjenige, der Israels Aufgabe vollständig erfüllte, indem er Nichtjuden zur Erkenntnis über die Errettung durch den Gott Israels führte. In der Tat ist einer seiner prophezeiten Namen ›Israel‹ (Jes 49,1–6 ; beachte V.3)!

Gibt es weitere Verse über die Errettung von Nichtjuden im Tenach? Die folgenden Verse bezeugen es, besonders unter der Maßgabe, daß ›Nationen‹ oder ›Heiden‹ auch mit ›Nichtjuden‹ übersetzt werden kann:

Ps 46,11: »*Laßt ab und erkennt, daß ich Gott bin; ich werde erhöht sein unter den Nationen, erhöht auf der Erde.*«

Ps 72,8.11: »*Und er möge herrschen von Meer zu Meer und vom Strom bis an die Enden der Erde . . . Und alle Könige sollen vor ihm niederfallen, alle Nationen ihm dienen.*«

Jes 2,2–3: »*Und es wird geschehen am Ende der Tage, da wird der Berg des Hauses des HERRN feststehen als Haupt der Berge und erhaben sein . . . und alle Nationen werden zu ihm strömen. Und viele Völker werden hingehen . . .*«

Jes 11,10: *»Und an jenem Tag wird es geschehen: Der Wurzelsproß Isais, der als Feldzeichen der Völker dasteht, nach ihm werden die Nationen fragen; und seine Ruhestätte wird Herrlichkeit sein.«*

Jes 42,1.6: *»Siehe, mein Knecht, den ich halte, mein Auserwählter, an dem meine Seele Wohlgefallen hat: Ich habe meinen Geist auf ihn gelegt, er wird das Recht zu den Nationen hinausbringen . . . Ich, der HERR, ich habe dich in Gerechtigkeit gerufen und ergreife dich bei der Hand. Und ich behüte dich und mache dich zum Bund des Volkes, zum Licht der Nationen . . .«* (Vgl. den Kontext in V. 1–12.)

Jes 56,7–8: *»Denn mein Haus wird ein Bethaus genannt werden für alle Völker. So spricht der Herr, HERR, der die Vertriebenen Israels sammelt: Zu ihm, zu seinen Gesammelten, werde ich noch mehr hinzusammeln.«* (Vgl. den Kontext in V. 3–8.)

Jer 16,19: *»HERR, meine Stärke und mein Schutz und meine Zuflucht am Tag der Bedrängnis! Zu dir werden Nationen kommen von den Enden der Erde . . .«*

Hes 38,23: *»Und ich werde mich groß und heilig erweisen und werde mich kundtun vor den Augen vieler Nationen. Und sie werden erkennen, daß ich der HERR bin.«* Mal 1,11: *»Denn vom Aufgang der Sonne bis zu ihrem Untergang ist mein Name groß unter den Nationen.«*

Hier sind einige weitere ähnliche Verse: 1Chr 16,31; Ps 65,2.5; 66,4; 68,31; 86,9; Jes 45,22–24; 49,1–7; 52,15; 55,4–5; Jer 3,17; Dan 7,13–14; Sach 8,20–23; 14,8–9.16.

2. Beispiele für die Errettung von Nichtjuden

Wenn wir erst einmal verstanden haben, wonach man Ausschau halten sollte, dann ist es erstaunlich, wie viele Beispiele für die Errettung von Nichtjuden wir im Tenach finden. Obwohl einige vielleicht Einspruch dagegen erheben, das Wort ›Errettung‹ dafür zu gebrauchen, was im Alten Testament geschieht, legt doch Hebräer 11 deutlich dar, daß viele alttestamentliche Heilige im Himmel sein werden. Sogar Jeschua verweist auf Heilige des Tenach, die in seinem Reich sein werden. *»Ich sage euch aber, daß* *viele von Osten und Westen kommen und mit Abraham und Isaak und Jakob zu Tisch liegen werden in dem Reich der Himmel ...«* (Mt 8,11; vgl. auch Lk 13,28). Selbstverständlich geschah ihre Errettung allein durch den Glauben an/das Vertrauen auf Gottes Wort. (2Tim 3,14–15; Hebr 11,39–40).

Vor Abrahams Urenkeln (familiengeschichtlich ausgedrückt) gab es keine jüdischen Menschen. Alle frühen Glaubenshelden wie Abel, Henoch, Noah usw. waren Nichtjuden. Ebenso Abraham und Sarah. Gemäß Jos 24,2 war Abraham der Sohn eines Götzenanbeters. Gott nahm Abraham aus jener Situation heraus und offenbarte sich ihm.

1Mose 14,18.19 bezeichnet Melchisedek – einen Nichtjuden – als *»Priester Gottes, des Höchsten«*. Als Priester-König von Salem (später: Jerusalem) segnete er Abram und nahm den Zehnten von ihm an. Dies zeigt, daß Gott zu allen Zeiten sein Volk hatte, das seinen Namen vor den Menschen bezeugte.

In der Geschichte des Mose wird Jethro, ein midianitischer Priester, nicht nur Moses Schwiegervater (2Mose 3,1), sondern auch sein Ratgeber (2Mose 18,19). Jethro – gesegnet, indem er Israel segnete – erkannte den Gott Israels als den großen Gott und opferte ihm. Er aß ein Mahl des Bundes mit Mose, Aaron und den Ältesten Israels, was anzeigte, daß er jetzt ein Teil des Gemeinwesens des Hauses Israel war (2Mose 18,11.12).

Mahlzeiten des Bundes waren die Grundlage im Tenach für unser Mahl des Bundes, das Abendmahl (1Mose 26,26–30; 31,44–47). Die folgende Schriftstelle tritt in dem Kontext auf, als Aaron und seine Söhne zu Priestern geweiht werden: *»Sie sollen die ⟨Stücke⟩ essen, mit denen die Sühnung vollzogen wurde, um ihnen die Hände zu füllen, um sie dadurch zu heiligen. Ein Fremder darf aber nicht davon essen, denn sie sind heilig«* (2Mose 29,33). Das sind Parallelen zu den Geboten der Bibel für uns in 1Kor 11,23–29.

Die Nichtjüdinnen Rahab und Rut schlossen sich nicht nur dem Haus Israel an (Jos 6,25; Rut 1,16.17; 2,12), sondern auch der Ahnenreihe des verheißenen Messias (Mt 1,5)!

Gott nennt Hiob, der ein Nichtjude aus dem Lande Uz und möglicherweise ein Zeitgenosse Abrahams und Melchisedeks war, *»meinen Knecht Hiob ...⟨einen⟩ Mann, so rechtschaffen und*

redlich, der Gott fürchtet und das Böse meidet« (Hiob 2,3; vgl.
1,1).

Bileam, Naeman (der syrische General) und Nebukadnezar
sind einige andere Gestalten des Tenach aus den Nationen, die den
wahren und lebendigen Gott entweder schon kannten oder ken-
nenlernten. Errettung für Nichtjuden (in vielen Fällen ohne Beschneidung) kam mit Sicherheit im Tenach vor. Die Fülle dieser
Wahrheit gelangt zur Vollendung nach dem Tod und der Auferstehung unseres Herrn Jeschua.

3. Gott spricht zu nichtjüdischen Gläubigen im Tenach

Spricht Gott direkt zu dem nichtjüdischen Teil seines Leibes im
Tenach? Zeitweilig spricht der Herr direkt zu den ›Nationen‹, den
Nichtjuden, und gibt ihnen lebenswichtige endzeitliche Marsch-
befehle. Aber wer sind die Nichtjuden, zu denen er in seinem
Worte spricht? Welche Nichtjuden werden heute sein Wort lesen
und glauben? Diejenigen, die Teil des Ölbaums (Röm 11,17) und
der Braut sind: die Gläubigen!

Es ist sehr interessant zu beachten: Alle folgenden Anweisungen an Gottes Leib der letzten Tage handeln von dessen Reaktion
und Verantwortung gegenüber der endzeitlichen Nation Israel
und/oder dem jüdischen Volk. In Jesaja 40,1–2, dem bekanntesten
Vers in dieser Hinsicht, spricht Gott zu seinem Volk, aber es ist in
diesem Fall nicht Israel. *»Tröstet, tröstet mein Volk* [Israel],
spricht euer Gott. Redet zum Herzen Jerusalems . . .« Gott spricht
zu einem Volk und nennt sich selbst ›euer Gott‹. Außer Israel hat
es nie ein Volk gegeben und wird es nie eines geben, das Gott als
sein eigenes bezeichnen würde – außer den nichtjüdischen Gläubigen.

Jesaja 52,7 sagt, daß es lieblich in den Augen des Herrn ist, gute
Nachricht zu bringen, Frieden zu verkünden, frohe Neuigkeiten
zu bringen, Heil zu verkünden und zu Zion [›das jüdische Volk‹ in
diesem Kontext] zu sprechen: *»Dein Gott herrscht.«* An wen –
außer an die gläubigen Nichtjuden – kann dieser Vers gerichtet
sein?

Es gilt zu beachten, was Gott der Gemeinde aufträgt, Israel zu verkündigen: »*Dein Gott herrscht.*« Unser Herr, der Gott aller wiedergeborenen Gläubigen, ist immer noch der Gott Israels. Paulus legte diesen selben Gedanken in Römer 11,24–29 dar. Wir bringen die Juden nicht zu irgendeinem fremden Gott, sondern zu *ihrem* Gott, in dessen Leib die Gläubigen aus den Nationen eingepfropft worden sind. Wenn das Evangelium in dieser Weise dargeboten würde, wäre die Reaktion vielleicht anders als die typisch jüdische Reaktion: »Oh, Jesus ist für die Nationen, aber ich bin Jude.« Nichtjüdische Gläubige, wir drängen euch, Israel die gute Botschaft zu verkündigen, daß sein Gott herrscht!

In weiten Teilen von Jesaja 62 spricht Gott zu dem Leib des Messias. In den Versen 6–7 erwartet Gott von den Wächtern, die er selbst auf die Mauern Jerusalems bestellt hat, daß »*sie keinen Augenblick schweigen . . ., und . . .* [Gott] *keine Ruhe (lassen), bis er Jerusalem (wieder) aufrichtet und bis er es zum Lobpreis macht auf Erden!*« In den Versen 10–12 wird dem Leib geboten: »*Zieht hindurch, zieht hindurch durch die Tore! Bereitet den Weg des Volkes* [Israel]! *Bahnt, bahnt die Straße, reinigt sie von Steinen! Richtet ein Feldzeichen auf über den Völkern! . . . Sagt der Tochter Zion: Siehe, dein Heil kommt . . .*«

Was sollten nichtjüdische Gläubige von *aliyah* verstehen, Gottes Endzeitplan, um die Juden wieder zurückzubringen in das Land, das er geschworen hat, ihnen zu geben? »*Denn siehe, Tage kommen, spricht der HERR, da wende ich das Geschick meines Volkes Israel und Juda, spricht der HERR. Und ich bringe sie in das Land zurück, das ich ihren Vätern gegeben habe, damit sie es in Besitz nehmen*« (Jer 30,3). »*Und ich werde meine Freude an ihnen haben, ihnen Gutes zu tun, und ich werde sie in diesem Land pflanzen in Treue, mit meinem ganzen Herzen und mit meiner ganzen Seele*« (Jer 32,41; vgl. auch Ps 105,8–11).

Gott spricht auch in der folgenden Schriftstelle zu Israel über die Nichtjuden. Jesaja 49,22 erklärt: »*So spricht der Herr, HERR: Siehe, ich werde meine Hand zu den Nationen hin erheben und zu den Völkern hin mein Feldzeichen aufrichten. Und sie werden deine Söhne auf den Armen bringen und deine Töchter werden auf der Schulter getragen werden.*« (Vgl. auch Jes 60,1–16; 61,5; 66,18–23). Trägt die Braut Zions Söhne auf ihren Armen, Zions Töchter auf ihren Schultern? Dazu ist die Warnung in Jes 60,12 zu beachten: »*Denn die Nation und das Königreich, die dir* [Israel] *nicht dienen wollen, werden zugrundegehen.*« Wir preisen den Herrn, daß er dies vielen Gläubigen in seinem ganzen Reich offenbart. (Näheres zur Erfüllung dieser Prophetien über CFI unter der Adresse, die auf Seite 3 angegeben ist.)

In Jeremia 30,24 sagt Gott: »*In den letzteren Tagen werdet ihr das in Erwägung ziehen.*« [NKJV]. Das Hebräische für ›letztere Tage‹ heißt wörtlich ›letzte Tage‹. Kapitel 31,1 fährt dann unmittelbar fort mit »*In jener Zeit . . .*». In 31,6 ist das Wort, das im Hebräischen für ›*Wächter*‹ steht, dasselbe Wort, welches das moderne Hebräisch für ›Christen‹ benutzt! Offensichtlich bedeutete es zur Zeit Jeremias nicht ›Christen‹; aber Gott, der das Ende von Anbeginn kennt, verwendete jenes Wort in diesem Vers, um keinen Zweifel daran zu lassen, daß er zu den Gläubigen der ›*letzten Tage*‹ spricht. (Es gibt andere hebräische Wörter für ›Wächter‹, die auch hätten verwendet werden können.) Und was sagt Gott dem Leib? »*Jubelt über Jakob mit Freuden und jauchzt über das Haupt der Nationen* [Nichtjuden]. *Verkündet, lobsingt und sprecht: O HERR, rette dein Volk, den Überrest Israels!*» (Jer 31,7) [letzter Satz: NKJV] Das ist ein Gebot und Gebet, das Gott allen Gläubigen gibt, damit sie es in diesen letzten Tagen verkündigen.

Als Reaktion auf diesen »Ruf« bringt der Herr bereits jetzt und auch weiterhin sein Volk zurück nach Israel (30,8.9)! Warum? Weil er viele Male prophetisch dargelegt hat, daß die Mehrzahl der Juden, die errettet werden, im Land Israel errettet werden. Hes 36,24–27 ist eines der deutlichsten Beispiele für Gottes prophetischen Zeitplan: »*Und ich werde euch aus den Nationen holen und euch aus allen Ländern sammeln und euch in euer Land bringen. Dann* [NKJV] *werde ich reines Wasser auf euch sprengen und ihr werdet rein sein . . . Und ich werde euch ein neues Herz geben und einen neuen Geist in euer Inneres geben . . . Und ich werde meinen Geist in euer Inneres geben . . .*«

Der Herr fährt fort in Jeremia 31,10: »*Hört das Wort des Herrn, ihr Nationen,* [Nichtjuden, die auf seine Stimme hören] *. . . und sagt: Der Israel zerstreut hat, wird es ⟨wieder⟩ sammeln und wird es hüten wie ein Hirte seine Herde.*» Dies erwartet Gott von seiner Braut als Endzeit-Verkündigung gegenüber der Welt. Inmitten der

Nachrichten, Ansichten und Verwirrung der gegenwärtigen Situation in Israel tut der Vater genau das. Er will, daß der Leib und die Welt aufwachen angesichts seiner mächtigen Taten, mit denen er sein Wort vor unseren Augen erfüllt. Und sein Ziel? Israels letztendliches Annehmen des Messias. Es wird Leben aus den Toten für die Welt sein (Röm 11,15).

1 Wycliffe Bible Encyclopedia, Bd. 2, S. 1164

VII. Die Gottheit des Messias

Einer der am schwierigsten zu verstehenden Ansprüche des Neuen Testaments ist der, daß Gott im Fleisch kam als Jeschua, der Messias. Dieses Kapitel – das kein Versuch ist, die Fleischwerdung logisch zu erklären – will aufzeigen, daß der Tenach sowohl auf einen göttlichen als auch auf einen menschlichen Messias hinweist.

1. Ich und der Vater sind eins

Jeschua ist nicht der Vater, aber als der verheißene Messias muß er göttlich sein, Gott im Fleisch. Kühn tut er in Joh 14,9 kund: *»Wer mich gesehen hat, hat den Vater gesehen.«* Er legt dar in Joh 10,30: *»Ich und der Vater sind eins.«* (Vgl. auch Joh 17,11.21–22) Es kann keinen Zweifel geben, daß Jeschua den Anspruch erhob, **eins** mit dem Vater zu sein. Aber da der größte Teil der üblichen Ausbildung Jeschuas und seiner Zuhörerschaft ausgerichtet war auf den Tenach – *die* Schulbildung der jüdischen Jungen zu seiner Zeit –, müssen wir den Begriff des ›eins‹ innerhalb dieses Rahmens verstehen.

Es gibt zwei biblische hebräische Wörter für den deutschen Begriff ›eins‹. *Jachid* bedeutet ›einzigartig‹, ›unteilbar‹, ›der Einzige‹ (1Mose 22,2 und Ri 11,34: ›einzig‹) und wird nicht oft in der Schrift gebraucht. Das andere Wort, das als ›eins‹ übersetzt wird, *echad*, »betont Einheit und anerkennt gleichzeitig Verschiedenheit innerhalb jener Einheit«[1]). Zum Beispiel:

1Mose 1,5: *». . . es wurde Abend, und es wurde Morgen:* **ein** Tag.«

1Mose 2,24: *»Darum wird ein Mann seinen Vater und seine Mutter verlassen und seiner Frau anhängen, und sie werden zu* **einem** Fleisch werden.«

2Mose 24,3: *»Und das ganze Volk antwortete mit* **einer** Stimme und sagte: Alle Worte, die der HERR geredet hat, wollen wir tun.«

Andere Beispiele sind: 1Mose 11,6; 34,16; 2Mose 26,6; Ri 20,

1.8.11. In diesen Versen zeigt das übersetzte Wort ›eins‹, *echad*, den Begriff der Einheit in Verschiedenheit an.

Unter Berücksichtigung dieses Hintergrunds leuchtet das bedeutendste Gebot sowohl im Judentum als auch im Christentum auf, das *Sch'ma: »Höre, Israel: Der HERR ist unser Gott, der HERR ist eins* [echad] (wörtl. Übers.). *Und du sollst den HERRN, deinen Gott, lieben . . .«* (5Mose 6,4–5; Mk 12,28–30). Mose, inspiriert vom Geist Gottes, benutzte *echad*, eine Einheit in Verschiedenheit, um im *Sch'ma* Gottes Wesen zu beschreiben!

Jeschua sagte, indem er gemäß der hebräischen Denkweise des Tenach sprach: *»Ich und mein Vater sind* **eins**» (Joh 10,30). Jeschua ist nicht der Vater, aber ist eins mit dem Vater auf eine einzigartige Weise. Wenn der Vater Gott ist, kann dann Jeschua, der Einheit mit ihm beansprucht, weniger sein als göttlich? Die Juden verstanden seine Äußerung richtig als Anspruch auf Göttlichkeit (Joh 10,31–33).

2. Der Engel des HERRN

Joh 1,18 stellt fest: *»Niemand hat Gott jemals gesehen; der eingeborene Sohn, der in des Vaters Schoß ist, der hat ⟨ihn⟩ kundgemacht.«* Aus diesem Vers und anderen, z.B. 2Mose 33,20, wird deutlich, daß kein Mensch **jemals** Gott gesehen hat. Aber wir haben viele im Tenach berichtete Erscheinungen Gottes. Wen haben die Heiligen des Alten Testaments gesehen? Gemäß der Äußerung des Johannes muß es der Sohn Gottes vor seiner Fleischwerdung gewesen sein, der ihn »kundtut«!

Jeschua erschien seinen Jüngern anders, nachdem er seinen verherrlichten Stand wieder eingenommen hatte. Dies war nichts Neues. Auch vor der Fleischwerdung erschien er in verschiedener Gestalt. Eine der häufigsten war als »Der Engel des HERRN«. Die Schrift zeigt, daß dieser Engel sich ausdrücklich identifiziert mit Gottes persönlichem Namen und auch damit gerufen wird (siehe unten: Der Name Gottes). Er wurde von Menschen als göttlich erkannt und empfing Anbetung. Dieser Engel (›Engel‹ bedeutet im Hebräischen ›Bote‹) trug die Autorität Gottes in die Welt der Menschen und war dennoch untrennbar vom Gott des

Himmels. Die folgenden und andere Schriftstellen identifizieren diesen Engel des HERRN als Gott.

In 1Mose 32 kämpft Jakob mit einem »Mann« (V.25), den er als Gott identifiziert (V.30). Hosea 12,3–4 identifiziert diesen Mann/Gott als den Engel. »*Und in seiner* [Jakobs] *Manneskraft kämfte er mit Gott. Er kämpfte mit dem Engel und war überlegen . . .*« Hosea verkündet weiter in 12,6, daß dieser Gott/Engel ist: »*. . . der HERR, der Gott der Heerscharen – Jahwe ist sein Name.*«

In 1Mose 48,15–16 betet Jakob, daß der »*Gott, vor dessen Angesicht meine Väter . . . gelebt haben, der Gott, der mich geweidet hat . . ., der Engel, der mich von allem Übel erlöst hat . . ., [Josephs Söhne] segne . . .*»

2Mose 3,2 sagt: »*Da erschien . . .* [dem Mose] *der Engel des HERRN in einer Feuerflamme mitten aus dem Dornbusch.*» Die Verse 4–6 sagen aus: »*. . . da rief . . . Gott* [dem Mose] *mitten aus dem Dornbusch zu*« und gab sich selbst zu erkennen als »*der Gott deines Vaters, der Gott Abrahams, der Gott Isaaks und der Gott Jakobs.*»

Beim Lesen von 2Mose 23,20–23 muß bedacht sein, daß im biblischen hebräischen Denken »der Name als Beschreibung der eigentlichen Wesensart der Person oder Sache angesehen wurde . . .«[2]). (Vergleiche den nächsten Abschnitt, der weiteres über den Namen Gottes enthält.) Gott legt in V.21 dar: »*Hüte dich vor ihm* [dem Engel], *höre auf seine Stimme und widersetze dich ihm nicht! Denn er wird euer Vergehen nicht vergeben, denn mein Name ist in ihm.*» Dieser Engel hatte Gottes Namen, seine »eigentliche Wesensart«. Es gibt weitere Verse, die den Engel des HERRN als Gott bestätigen:

1Mose 16,10–13: »*Und der Engel des HERRN sprach zu . . .* [Hagar]: *Ich will deine Nachkommen so sehr mehren, daß man sie nicht zählen kann vor Menge . . .*«

Jes 63,8–9: »*. . . Er wurde ihr Retter. In all ihrer Not war er betrübt, und der Engel seiner Gegenwart rettete sie; in seiner Liebe und in seinem Erbarmen erlöste er sie . . .*« [NKJV]

Mal 3,1 (beachte, daß das mit ›Bote‹ übersetzte Wort dasselbe hebräische Wort ist wie für ›Engel‹): »*. . . der Herr, den ihr sucht, wird plötzlich zu seinem Tempel kommen, sogar der Bote des*

Bundes . . .« [NKJV] Vergleiche auch die Gideon-Erzählungen
(Ri 6,11–23) und die Eltern des Simson (Ri 13,2–23).

Somit offenbarte der Engel des HERRN vielen Heiligen im
Tenach Gott. Sie sahen und berührten ihn tatsächlich und spra-
chen auch mit ihm. Demnach war dieser Engel – gemäß Joh 1,18
– der Sohn Gottes vor seiner Fleischwerdung, der schließlich in
die Welt kam als Jeschua.

3. Der Name Gottes

Wir wollen wiederum betonen, was ›Name‹ im biblischen Hebräisch bedeutet. »Der Begriff des persönlichen Namens im AT
schließt oft Existenz, Charakter und Ruf ein (1Sam 25,25).«[3])
»Seinen Namen kundzutun, war ein Hauptmittel, um sich selbst
zu offenbaren oder zu beweisen«[4]) (vgl. 2Mose 9,16; Jos 9,9).

In Jes 9,6 wird prophezeit, daß der Messias viel mehr ist als ein
Mensch, weil sein Name *»Starker Gott, Vater der Ewigkeit, Fürst
des Friedens«* ist. Jes 7,14 teilt uns mit, daß der Name des Sohnes
der Jungfrau ›Immanuel‹ sein würde; das bedeutet, daß seine
eigentliche Wesensart *»Gott mit uns«* (Mt 1,23) ist.

Im Tenach verwendet Gott fortwährend seinen persönlichen
Namen. »Eines der grundlegendsten und eigentlichen Merkmale
biblischer Offenbarung ist die Tatsache, daß Gott . . . einen persönlichen Namen hat . . .«[5]). Sein Name, das Tetragrammaton,
setzt sich aus vier hebräischen Buchstaben zusammen – *jod, he,
waw* und *he.* In einigen Übersetzungen und Kommentaren wird es
›*Jahwe*‹ oder ›JHWH‹ geschrieben. Die meisten Bibelübersetzer
benutzen jedoch – wann immer man im Hebräischen Gottes
Namen findet – das Wort ›HERR‹ (selten ›Jehova‹ oder ›Jah‹ oder
›GOTT‹).

Die meisten der folgenden Verse gebrauchen ›*der HERR*‹. In
ihnen haben wir das hinzugefügte ›der‹ weggelassen, das man in
den ursprünglichen Schriften nicht findet. Das ergibt ein viel
besseres Empfinden für Gott, der seinen persönlichen Namen
offenbart:

1Mose 12,7–8: *»Und HERR erschien dem Abram . . . Und er
baute dort HERRN . . . einen Altar . . . Und er brach von dort*

auf ...; und er baute dort HERRN einen Altar und rief HERRNS Namen an.«

2Mose 34,5–6: *»Da stieg HERR in der Wolke herab, und er trat dort neben ihn und rief HERRNS Namen aus. Und HERR ging vor seinem Angesicht vorüber und rief: HERR, HERR, Gott, barmherzig und gnädig, langsam zum Zorn und reich an Gnade und Treue ...«*

In 3Mose 19 gründet sich Gottes Erwartung gegenüber Israel, seine Gebote zu befolgen, auf die Tatsache, wer er ist. Deshalb stellt er in diesem kurzen Abschnitt 15mal fest: *»Ich bin HERR.«*

4Mose 6,22–27: *»Und HERR redete zu Mose und sprach: Rede zu Aaron und zu seinen Söhnen und sprich: So sollt ihr die Söhne Israel segnen! Sprecht zu ihnen: HERR segne dich und behüte dich! HERR lasse sein Angesicht über dir leuchten und sei dir gnädig! HERR erhebe sein Angesicht auf dich und gebe dir Frieden! So sollen sie meinen Namen auf die Söhne Israel legen, und ich werde sie segnen.«*

5Mose 6,4–5 (Das *Sch'ma*): *»Höre, Israel: HERR ist unser Gott, HERR allein! Und du sollst HERRN, deinen Gott, lieben mit deinem ganzen Herzen und mit deiner ganzen Seele und mit deiner ganzen Kraft.«*

1Kön 18,21: *»Und Elia ... sagte: Wie lange hinkt ihr auf beiden Seiten? Wenn HERR der ⟨wahre⟩ Gott ist, dann folgt ihm nach; wenn aber der Baal, dann folgt ihm nach!«*

Offensichtlich finden wir viele ausgezeichnete Beispiele für die Verwendung von Gottes persönlichem Namen in den Psalmen. Hier ist nur eine Auswahl zum Nachschlagen: 7,18; 20,2.8; 54,8; 99,6; 113,1–5; 118,26; 135,13.

Jes 42,8: *»Ich bin Jahwe, das ist mein Name. Und meine Ehre gebe ich keinem anderen ...«*

Jer 16,21: *»Diesmal werde ich sie meine Hand und meine Macht erkennen lassen; und sie werden erkennen, daß mein Name HERR ist.«*

Jer 33,2: *»So spricht HERR, der es tut, HERR, der es bildet, um es festzusetzen, HERR ist sein Name ...«*

Hes 39,7: *»Und ich werde meinen heiligen Namen kundtun mitten in meinem Volk Israel und werde meinen heiligen Namen* *nicht mehr entweihen lassen. Und die Nationen werden erkennen, daß ich HERR bin, der heilig ist in Israel.«*

Sach 13,9: *»Der wird meinen Namen anrufen, und ich werde ihm antworten, ich werde sagen: Er ist mein Volk. Und er wird sagen: HERR ist mein Gott.«*

Wie oft verwendet die Schrift den persönlichen Namen des Herrn? Gemäß dem »Logos Bible Software Program« wird ›HERR‹ 6668mal in der Schrift verwendet.

Es gibt ein anderes hebräisches Wort für ›Gott‹: *elohim.* Es kann übersetzt werden als ›Gott‹, ›Götter‹ oder ›Richter‹, aber ›HERR‹ wird niemals für irgend jemand anderen benutzt außer Gott selbst. In den folgenden Versen jedoch bezieht sich ›HERR‹ offensichtlich nicht nur auf Gott, den Vater, sondern auch auf Gott, den Sohn. Diese Verse zeigen, daß die Wesensart des Messias dieselbe ist wie die Wesensart des Vaters. Deshalb muß der Messias Gott sein, der den Vater offenbart.

1Mose 18,1 lautet: *»Und der HERR erschien* [Abraham] *. . .«*; V.22: *»Abraham aber blieb noch vor dem HERRN stehen.«* Erinnern wir uns wiederum an Joh 1,18: Der einzige ›HERR‹, mit dem Abraham diese Art der Begegnung von Angesicht zu Angesicht haben konnte, ist der Sohn Gottes.

In Joh 10,11–14 verkündet Jeschua, daß er der gute Hirte sei. Der Tenach identifiziert Israels Hirten als HERRN in Ps 23,1 (*»Der HERR ist mein Hirte . . .«*), Jes 40,10–11 und Hes 34,11–12. Psalm 78,52 und 80,2 (*»Du Hirte Israels, der du Joseph leitest wie eine Herde, höre doch!«*) identifizieren Gott als Israels Hirten. Auch Petrus nennt Jeschua den *»Hirten und Aufseher eurer Seelen»* (1Petr 2,25).

Psalm 146,5–10 erhebt das Lob auf den HERRN. Er wird genannt ›der Gott Jakobs'‹ (V.5), verkündigt als ›der Schöpfer‹ (V.6), ›der Befreier‹ (V.7), ›der Heiler‹ (V.8), ›der ewig Regierende‹ (V.10). Dies alles sind Beschreibungen, welche die Schrift ebenfalls für unseren Messias Jeschua gebraucht.

Jesaja 44,6: *»So spricht der HERR, der König Israels und sein Erlöser, der HERR der Heerscharen: Ich bin der Erste und bin der Letzte, und außer mir gibt es keinen Gott.«* Falls Jeschua nicht Gott ist – erschienen im Fleisch –, wie erklären wir dann diesen Vers? Das NT tut kund, daß Jeschua der König Israels ist (Mt 2,2:

»Wo ist der König der Juden, der geboren worden ist?«; Mt 25,34; Joh 18, 36–37); der Erlöser (Röm 3,24: »... werden umsonst gerechtfertigt durch seine Gnade, durch die Erlösung, die ... [im Messias Jeschua] ist«; Eph 1,7; Tit 2,14; Offb 5,9), der Erste und der Letzte (Offb 1,8.17–18: »Fürchte dich nicht! Ich bin der Erste und der Letzte und der Lebendige, und ich war tot, und siehe, ich bin lebendig in alle Ewigkeit ...«; 2,8; 22,13). Wenn diese Verse wahr sind, dann muß Jeschua auch »HERR der Heerscharen« sein. Als weitere Belege vergleiche Jes 8,13–14 mit 1Petr 2,6–8.

In Sacharja 2,12 sagt der HERR der Heerscharen, daß ihn jemand gesandt habe zu den »Nationen, die euch [Israel] geplündert haben«. Dieser HERR der Heerscharen fährt in V.13 fort: »Und ihr werdet erkennen, daß der HERR der Heerscharen mich gesandt hat.« Wie viele ›HERR der Heerscharen‹ gibt es? Jeschua ist Gott und der HERR der Heerscharen, aber nicht identisch mit dem Vater, der ebenfalls Gott und der HERR der Heerscharen ist. (Vgl. mit 1Mose 19,24). Deshalb konnte Jeschua sagen: »... denn der Vater ist größer als ich«, ohne seine eigene Göttlichkeit zu verleugnen (Joh 14,28).

Sacharja 14,16 endet mit einer Vision von Gottes Reich auf Erden. Wir lesen: »Und es wird geschehen: Alle Übriggebliebenen von allen Nationen, die gegen Jerusalem gekommen sind, die werden Jahr für Jahr hinaufziehen, um den König, den HERRN der Heerscharen, anzubeten ...«. Offb 15,3–4 sagt, daß derjenige, zu dem »... alle Nationen werden kommen und ... anbeten«, der »König der Nationen« und »Herr, Gott, Allmächtiger« ist. Offenbarung 17,14 und 19,16 identifiziert diesen »König der Könige« und »Herrn der Herren« als Jeschua, unseren Messias. Diese und viele andere Schriftstellen nennen den Sohn Gottes vor der Fleischwerdung mit dem Namen ›HERR‹.

Schließlich tut Jeremia 23,5–6 kund: Jeschua ist der HERR, unsere Gerechtigkeit. »Siehe, Tage kommen, spricht der HERR, da werde ich dem David einen gerechten Sproß erwecken. Der wird als König regieren und verständig handeln und Recht und Gerechtigkeit im Land üben. In seinen Tagen wird Juda gerettet werden und Israel in Sicherheit wohnen. Und dies wird sein Name sein, mit dem man ihn nennen wird: DER HERR, UNSERE GERECHTIGKEIT.« Rabbinische Gelehrte und christliche Theologen sagen übereinstimmend, daß dies sich auf den Messias bezieht, den ›Gerechten Sproß Davids‹. Beachte, daß sein Name, seine eigentliche Wesensart HERR/JHWH, UNSERE GERECHTIGKEIT, ist. Dies ist sein Name. Dies ist auch Gottes Messias!

Paulus, der höchstwahrscheinlich an diesen Vers dachte, schrieb in 2Kor 5,21: »*Den, der Sünde nicht kannte, hat er für uns zur Sünde gemacht, damit wir Gottes Gerechtigkeit würden in ihm.*« Das stimmt mit einem weiteren Vers im Tenach überein: »*. . . der Knechte des HERRN . . . ihre Gerechtigkeit (ist) von mir her, spricht der HERR*« (Jes 54,17).

4. Der Retter

Dieser Abschnitt über Gott als Retter behandelt einen weiteren Wurzelbereich, welcher die biblische Verkündigung des Neuen Testaments unterstützt, daß unser Messias Gott ist – »geoffenbart . . . im Fleisch« (1Tim 3,16).

»Retter . . . wird häufig für Gott [im Tenach] benutzt . . . und betont eine Eigenschaft und Initiative *Jahwes*, die genauso grundlegend ist wie Schöpfertum, Allmacht, und einzigartig [ist] in einer alten Religion.«[6]) »Im AT wird [Retter oder Befreier] für Menschen (Ri 2,16; 3,9; 12,3; 2Kön 13,5; Neh 9,27) in dem Sinne benutzt, daß diese Menschen Werkzeuge Gottes waren zur Rettung. Andererseits betont das AT, daß Gott der alleinige Retter ist und daß Rettung durch Menschen vergeblich ist. (Ps 60,13: ›*Schaffe uns Hilfe vor dem Bedränger! Menschenhilfe ist ja wertlos.*‹[7]) Hier sind einige von vielen Versen im Tenach, die feststellen, daß der Gott Israels der alleinige Retter ist:

Jes 43,11–13: »*Ich, ich bin der HERR, und außer mir gibt es keinen Retter . . . (Ich) bin . . . derselbe, und da ist niemand, der aus meiner Hand errettet . . .*«

Jes 45,21–22: »*. . . sonst gibt es keinen Gott außer mir. Einen gerechten und rettenden Gott gibt es außer mir nicht! Wendet euch zu mir und laßt euch retten, alle ihr Enden der Erde! Denn ich bin Gott und keiner sonst.*«

Hos 13,4: »*Ich aber bin der HERR, dein Gott, vom Land*

Ägypten her: Einen Gott außer mir kennst du nicht, und es gibt keinen ⟨anderen⟩ Retter als mich.«

Deshalb ist der Tenach hinsichtlich dieses Themas sehr deutlich. Der Gott Israels ist der alleinige Retter. Einige weitere Verse haben wir sowohl aus dem Tenach als auch aus dem Neuen Testament mit einbezogen, die ebenfalls darlegen, daß Gott unser Retter ist. Von den obigen Versen weichen sie lediglich darin ab, daß sie nicht beanspruchen, daß er der alleinige Retter ist, obwohl dies in allen Schriftstellen vorausgesetzt wird:

2Sam 22,3: *»Mein Gott ist mein Hort, bei dem ich Zuflucht suche, mein Schild und das Horn meines Heils, meine hohe Feste und meine Zuflucht. Mein Retter, vor Gewalttat rettest du mich!*«

Ps 106,21: *»Sie vergaßen Gott, der sie errettete, der große Dinge getan in Ägypten . . .*«

Jes 45,15: *»Wahrlich, du bist ein Gott, der sich verborgen hält, Gott Israels, ein Retter!*«

Lk 1,46–47: *»Meine Seele erhebt den Herrn, und mein Geist frohlockt in Gott, meinem Retter.*« [NKJV]

1Tim 1,1; 2,3; 4,10: *». . . unser Retter . . . unser Retter* [beides: NKJV] *. . . einen lebendigen Gott . . ., der ein Retter aller Menschen ist . . .*«

Aber auch das NT verkündet kompromißlos, daß Jeschua der Retter der Welt ist:

Lk 2,10–11: *»Und der Engel sprach . . .: . . . euch ist heute ein Retter geboren, der ist . . .* [Messias], *Herr, in Davids Stadt.*«

Joh 4,42: *»Wir glauben . . ., denn wir selbst haben gehört und wissen, daß dieser wahrhaftig der Retter* [NKJV] *der Welt ist.*«

Apg 5,31: *»Diesen* [Jeschua] *hat Gott durch seine Rechte zum Führer und Heiland* [NKJV: Retter] *erhöht.*«

Apg 13,23: *»Aus dessen* [Davids] *Nachkommenschaft hat Gott nach Verheißung dem Israel als Erretter . . .* [Jeschua] *gebracht . . .*«

Phil 3,20: *»Denn unser Bürgerrecht ist in den Himmeln, von woher wir auch den Herrn . . .* [Jeschua, den Messias] *als Heiland* [NKJV: Retter] *erwarten . . .*«

1Joh 4,14: *»Und wir haben gesehen und bezeugen, daß der Vater den Sohn gesandt hat als Heiland* [NKJV: Retter] *der Welt.*«

Das Neue Testament enthält weitere Verse, die das gleiche über den Messias Jeschua aussagen: Eph 5,23; 2Tim 1,10; 2Petr 1,1.11; 2,20; 3,18.

Wir müssen die Frage stellen, ob diese Aussagen des Neuen Testaments dem Tenach widersprechen, welcher – wie wir bereits gesehen haben – darlegt, daß nur Gott selbst der Retter der Welt ist. Sprechen beide wirklich von demselben Gott? Gibt es irgendeinen Beweis im Tenach, daß der kommende Messias ebenfalls der Retter sein würde und damit Gott?

In Jesaja 49,5–6 spricht der Messias vor seiner Fleischwerdung davon, was sein Vater ihm sagte: *»Und nun spricht der HERR, der mich von Mutterleib an für sich zum Knecht gebildet hat, um Jakob zu ihm zurückzubringen und damit Israel zu ihm gesammelt werde* [offensichtlich ist dieser Knecht, an den er sich wendet, weder Jakob noch Israel] ... *So habe ich dich ⟨auch⟩ zum Licht der Nationen gemacht, ⟨daß⟩ mein Heil reiche bis an die Enden der Erde.«*

In Sacharja 9,9 weist der Prophet darauf hin, daß Errettung in dem König-Messias liegt, der kommen wird: *»Siehe, dein König kommt zu dir: Gerecht und siegreich ist er, demütig und auf einem Esel reitend ...«* Jeschuas Name an sich bedeutet ›Rettung‹. »Es ist der älteste Name, der den göttlichen Namen Jahwe enthält, und er bedeutet ›Jahwe ist Hilfe‹ oder ›Jahwe ist Rettung‹.«[8] Die hebräische Wurzel bedeutet ›weit‹, ›geräumig‹, ›Freiheit von Zwang‹. Andere hebräische Wörter, die von dieser Wurzel abgeleitet sind, bedeuten ›Befreiung‹, ›Hilfe‹, ›Sieg‹ und ›Bewahrung‹. *» ... du sollst seinen Namen ... [Jeschua] nennen; denn er wird sein Volk erretten von seinen Sünden.«* (Mt 1,21) (Beachte, daß der Engel sagte »sein Volk«, d.h. Israel in diesem Zusammenhang.) Wer anders könnte dieses Kind sein als *»Immanuel ... Gott mit uns«*? (Mt 1,23; vgl Jes 7,14)

Psalm 27,1 sagt: *»Der HERR ist mein Licht und mein Heil ...«* Wiederum werden wir konfrontiert mit der klaren Aussage, daß ›der HERR‹, Jahwe, unsere Rettung ist. Und wiederum werden wir konfrontiert mit dem Zeugnis des Wortes: **Jeschua ist Jahwe!** Wir glauben: Jeschua ist Gott, aber er ist nicht der Vater. (Vgl. mit Teil 1 dieses Kapitels.) Der Apostel Paulus glaubte diese Wahrheit, daß Jeschua, obwohl er nicht der Vater ist, dennoch unser Retter und deshalb Gott ist – erschienen im Fleisch. Beachte, wie er im Titusbrief hin- und herwechselt, indem er sowohl Gott als auch Jeschua als unseren Retter verkündigt:

Tit 1,3: ».. . *nach Befehl* **Gottes, unseres Retters** . . .« [NKJV]

Tit 1,4: ».. . *Gott, dem Vater, und von* . . . [**Jeschua, dem Messias,**] *unserem Retter* . . .« [NKJV]

Tit 2,10: ».. . *die Lehre* **Gottes, unseres Retters** . . .« [NKJV]

Tit 2,13: ».. . *indem wir die glückselige Hoffnung und Erscheinung der Herrlichkeit unseres großen Gottes und* **Retters** . . . [Jeschua, des Messias,] *erwarten.*« [NKJV]

Tit 3,4: ».. . *die Liebe* **Gottes, unseres Retters** . . .« [NKJV]

Tit 3,6: ».. . *durch* . . .[**Jeschua, den Messias,**] *unseren Retter* . . .«

Paulus kannte den Tenach genau und gründete seine ganze Theologie über Gottes Wort auf den Tenach, so wie der Geist der Wahrheit sie ihm offenbarte. Deshalb sprach er stets kühn aus: Jeschua ist Gott, unser Retter!

5. Der Erlöser

Das hebräische Wort, das als ›Erlöser‹ übersetzt wird, ist *goel*. Die Hauptwurzel bedeutet, den Part eines Verwandten zu erfüllen, der seine Familie aus Schwierigkeit und Gefahr erlöst. Dieses Wort liefert die Wurzel für die biblischen hebräischen Wörter, die als ›Erlösung‹ und ›Lösegeld‹ übersetzt werden.»Obwohl eng verbunden mit ›Rettung‹, ist ›Erlösung‹ spezieller, denn es benennt das Mittel, wodurch Rettung erreicht wird . . ., durch das Zahlen eines Lösegeldes.«[9]) »Die eigentliche Bedeutung von *goel* ist ›verwandtschaftlicher Erlöser‹. Die Tätigkeiten . . . schließen alle Arten des Handelns ein, durch die Personen oder Eigentum zurückgebracht oder wiederhergestellt wurden von Entfremdung in ihre eigentliche Stellung und Beziehung.«[10])

Das Opfersystem des Tenach war ein Typus und Bild für Erlösung. Mit ›Bild‹ meinen wir nicht, daß **tatsächliche** Erlösung nicht erreicht wurde. Mittels der von Gott angeordneten Opfer konnte man Vergebung für Sünde und Ungerechtigkeit erlangen durch den Tod eines stellvertretenden Lebens. Es gab Vergebung für Sünden durch diese Opfer (Hebr 9,13), obwohl sie sich nicht mit der sündigen Wesensart befassen konnten. Die Opfer im Tenach wiesen somit hin auf – und waren ein Typus und Bild für – die letztendliche Erfüllung: den Tod des Messias.

Gott, der beansprucht, unser Erlöser zu sein, hat bestimmte Regeln dafür festgesetzt, wer eine andere Person zu erlösen vermag (3Mose 25,47–54). Daher konnte er seine Rolle als Erlöser nur einnehmen, indem er im Fleisch als **der** verwandtschaftliche Erlöser kam. Dies erkennend stellte der Autor des Hebräerbriefes fest: »*Weil nun die Kinder Blutes und Fleisches teilhaftig sind, hat auch er in gleicher Weise daran Anteil gehabt, um durch den Tod den zunichte zu machen, der die Macht des Todes hat . . . Daher mußte er in allem den Brüdern gleich werden . . .*« (Hebr 2,14–17).

Jeschua ist nicht nur unser Erlöser, sondern er ist auch das Lösegeld.

Joh 3,16: »*Denn so hat Gott die Welt geliebt, daß er seinen eingeborenen Sohn gab . . .*«

Jes 52,3: »*Umsonst seid ihr verkauft worden, und nicht für Geld sollt ihr gelöst werden.*«

Mk 10,45: »*Denn . . . der Sohn des Menschen ist nicht gekommen, um bedient zu werden, sondern um zu dienen und sein Leben zu geben als Lösegeld für viele.*« Die biblische Erklärung, daß Gott unser Erlöser ist, verleiht dem Argument starkes Gewicht, daß Jeschua – um der verheißene Messias sein zu können – Gott im Fleisch sein mußte.

Ps 130,7–8: »*Harre, Israel, auf den HERRN! Denn bei dem HERRN ist . . . viel Erlösung . . . Ja, er wird Israel erlösen von allen seinen Sünden.*« Zu beachten ist, wer derjenige ist, der Israel erlösen wird – »der HERR«!

Jes 49,26: »*Und alles Fleisch wird erkennen, daß ich, der HERR, dein Retter bin, und der Mächtige Jakobs, dein Erlöser.*«

Jes 60,16: »*Und du wirst erkennen, daß ich, der HERR, dein Retter bin und der Mächtige Jakobs, dein Erlöser.*« (In den letzten zwei Zitaten aus Jesaja sehen wir, daß die beiden von uns untersuchten Rollen – Retter und Erlöser – von Gott für sich beansprucht werden.)

2Mose 6,6: »*Darum sage zu den Söhnen Israel: Ich bin der HERR; ich werde euch herausführen unter den Lastarbeiten der*

Ägypter hinweg, euch aus ihrer Arbeit erretten und euch erlösen mit ausgestrecktem Arm und durch große Gerichte.«

2Mose 15,13: *»In deiner Gnade hast du geleitet das Volk, das du erlöst«.* V.16: *».. . während hindurchzog, dein Volk, o HERR . . ., das du erworben.«* Vergleiche dies mit dem, was Paulus in Apg 20,28 aussagt: *».. . die Gemeinde Gottes . . ., die er sich erworben hat durch sein eigenes Blut.«* [NKJV] Paulus erklärt, daß Gott, der uns herausgekauft hat aus der Sklaverei der Sünde, unser verwandtschaftlicher Erlöser ist (Röm 6,18.22). Dies ist auch eine der deutlichsten Aussagen des Neuen Testaments, daß Jeschua Gott ist. Joh 4,24 lautet: *»Gott* [im Kontext: der Vater; vgl. V.23] *ist Geist.«* Geister haben kein Blut. Paulus sagt, daß Gottes Blut unser Lösegeld war; ein starker Grund, warum Gott im Fleisch kommen mußte, um uns zu erlösen.

Ps 77,16: *»Du hast dein Volk erlöst mit ⟨deinem⟩ Arm, die Söhne Jakobs und Josephs.«* Beim Verfolgen aller Verse über ›den Arm des . . .‹ oder ›die rechte Hand des HERRN/Gottes‹ im Tenach, wird schnell offenbar, daß dies ein bildlicher Ausdruck für den Sohn Gottes vor seiner Fleischwerdung ist.

Jes 44,6: *»So spricht der HERR, der König Israels und sein Erlöser, der HERR der Heerscharen: Ich bin der Erste und bin der Letzte, und außer mir gibt es keinen Gott.«* Was könnte klarer sein? Wir wissen, daß Jeschua der König ist und der Erste und der Letzte, wie er selbst in Offenbarung 1,7 und 22,3 feststellt. Dieser Vers identifiziert ihn ebenfalls als ›HERRN‹ – der persönliche Name Gottes – und als den Erlöser Israels.

Letztlich ist Boas im Buch Rut das vollendete Beispiel im Alten Testament für einen verwandtschaftlichen Erlöser und damit ein wunderbarer Typus des Messias Jeschua. Boas' Name bedeutet ›Stärke‹. Er ist ein sehr wohlhabender Mann; er stammt aus Bethlehem, dem ›Haus des Brotes‹; er ist ein Mann des Gesetzes; er ist der Herr der Ernte; er ist ein Anwalt für seine nichtjüdische Braut; er erkauft seine Ehefrau; sie lebt mit dem Volk Gottes und segnet es und gehört zum messianischen Stammbaum.

Abschließend betrachte zwei Verse, die gemeinsam Jeschua als Gott offenbaren, der im Fleisch gekommen ist. Die einzige Möglichkeit, diese Schlußfolgerung zu verhindern, besteht darin zu behaupten, Gott habe seine Pläne geändert oder schließlich doch noch einen Menschen gefunden, dem er all seine Herrlichkeit anvertrauen könne. Da keiner dieser Drehbuchentwürfe möglich ist, müssen wir uns auf die unbegreifliche, aber geoffenbarte Wirklichkeit stützen, daß Jeschua Gott ist.

Jes 45,22–23: »*Wendet euch zu mir und laßt euch retten . . . Denn ich bin Gott und keiner sonst. Ich habe bei mir selbst geschworen, aus meinem Mund ist Gerechtigkeit hervorgegangen, ein Wort, das nicht zurückkehrt:* **Ja, jedes Knie wird sich vor mir beugen, jede Zunge mir schwören . . .**«

Phil 2,9–11: »*Darum hat Gott ihn auch hoch erhoben und ihm den Namen verliehen, der über jeden Namen ist,* **damit in dem Namen . . .** [Jeschua] *jedes Knie sich beuge, der Himmlischen und der Irdischen und der Unterirdischen, und* **jede Zunge bekenne,** *daß* [Jeschua, der Messias,] *Herr ist, zur Ehre Gottes, des Vaters.*«

6. Gottes Sohn

Jeschua wird im Neuen Testament oft ›Gottes eingeborener Sohn‹ genannt. Jeschua selbst tut dies kund: »*Dies sagt der Sohn Gottes . . .*« (Offb 2,18; vgl. auch Joh 5,25; 11,4). Viele andere erklären ebenfalls, daß Jeschua der Sohn Gottes ist: Engel (Lk 1,32.35); Dämonen (Mt 8,29); seine Jünger (Mt 14,33; 16,16; Apg 3,26); die Schreiber des NT (Mk 1,1; Joh 1,18; 3,16; 20,31); Johannes der Täufer (Joh 1,34); Martha (Joh 11,27); Paulus (Apg 9,20; Röm 1,3–4; 1Kor 1,9) und der Schreiber des Hebräerbriefes (4,14).

Es wurde (und wird immer noch) erwartet, daß der Messias der Sohn Davids sei. Jeschua forderte dies heraus, indem er darauf hinwies, daß der Tenach den Messias als Davids Herrn prophezeite. »*Was haltet ihr von dem . . .* [Messias]? *Wessen Sohn ist er? Sie sagen zu ihm: Davids. Er spricht zu ihnen: Wie nennt David ihn denn im Geist Herr, indem er sagt: ›Der Herr sprach zu meinem Herrn: Setze dich zu meiner Rechten, bis ich deine Feinde lege unter deine Füße‹? Wenn nun David ihn Herr nennt, wie ist er sein Sohn?*« (Mt 22,42–45; vgl. Ps 110,1).

Aber er reagierte auch positiv darauf, bei verschiedenen Gelegenheiten ›der Sohn Davids‹ genannt zu werden; z.B. in Mt 21,9:

»*Hosanna dem Sohn Davids! Gepriesen sei, der da kommt im Namen des Herrn!*« und in Lk 18,38–39: »*. . . [Jeschua], Sohn Davids, erbarme dich meiner!*«

Offensichtlich beruht dieser Begriff auf dem Tenach. In 2Sam 7,12–16 schließt Gott einen ewigen Bund mit David und seinem Sohn Salomo. Salomo ist dessen natürliche Erfüllung (1Kön 8,13–20). Aber in diesem Bund werden Dinge verheißen, die auf einen anderen Sohn hindeuten, der ewig regieren wird; das an sich weist auf die göttliche Wesensart dieses Sohnes hin. Vergleiche 2 Sam 7,13.16: »*Und ich werde den Thron seines Königtums festigen für ewig.*«

Salomo ist ein wunderbarer Typus des Messias: der Sohn des größten Königs Israels; ein Mann des Friedens (die Bedeutung seines Namens im Hebräischen; 1Chr 22,9); ein Mann geliebt vom Herrn, wie sein Gott-gegebener Name, Jedidiah, anzeigt (2Sam 12,24–25); ein Erbauer des Tempels Gottes (1Chr 22,10–11); und der weiseste Mann (1Kön 3,11–12; 5,9–13). Wie bei jedem biblischen Typus sollte man nicht erwarten, daß alles mit dem Gegentypus übereinstimmt; und das gilt auch für Salomo.

Die Bedeutung von ›der Sohn Gottes' geht über diejenige von ›der Sohn Davids' hinaus. Einige Verse im Tenach besagen, daß der Gott Israels einen einzigartigen Sohn hat. Zum Beispiel:

Ps 2,6–7.12: »*Habe doch ich meinen König geweiht auf Zion, meinem heiligen Berg! Laßt mich die Anordnung des HERRN bekanntgeben! Er hat zu mir gesprochen: Mein Sohn bist du, ich habe dich heute gezeugt . . . Küßt den Sohn . . . Glücklich alle, die sich bei ihm bergen!*« Gott erklärt in diesen Versen: **Sein König ist sein Sohn.** Alle Menschen werden ermutigt, ihr Vertrauen auf diesen König/Sohn zu gründen. Da der Tenach oft davor warnt, auf Menschen zu vertrauen (Ps 20,7–9; Jes30,1–2; Jer 17,5: »*So spricht der HERR: Verflucht ist der Mann, der auf Menschen vertraut und Fleisch zu seinem Arm macht und dessen Herz vom HERRN weicht!*«), muß dieser eine – Gott selbst mahnt uns, diesem zu vertrauen – mehr sein als lediglich ein Mensch.

Spr 30,4: »*Wer ist hinaufgestiegen zum Himmel und herabgefahren? . . . Wer hat aufgerichtet alle Enden der Erde? Was ist sein Name und was der Name seines Sohnes, wenn du es weißt?*«

Jes 9,5–6: »*Denn ein Kind ist uns geboren, ein Sohn uns gege-*

ben, und die Herrschaft ruht auf seiner Schulter; und man nennt seinen Namen: Wunderbarer Ratgeber, starker Gott, Vater der Ewigkeit, Fürst des Friedens . . . auf dem Thron Davids . . .«

Diese Prophetie offenbart viel über den kommenden Messias, der auf dem Thron Davids sitzen wird und das Kriterium erfüllt, Davids Sohn zu sein. Ein *»Kind ist geboren«* ist die normale Art, von einer Geburt zu sprechen, aber warum wird hinzugefügt: *»ein Sohn ist gegeben«*? Joh 3,16 zeigt warum: *»Denn so hat Gott die Welt geliebt, daß er seinen eingeborenen Sohn gab . . .«* Durch die enge Kombination der Begriffe erhalten wir sowohl einen Hinweis auf die menschliche als auch die göttliche Wesensart des Messias und auf seine Opfertat.

Wie schon vorher dargelegt, bedeutet ein Name im hebräischen Denken mehr als nur ein Etikett; er stellt die eigentliche Wesensart des Benannten dar. Was ist die eigentliche Wesensart dieses Kind-Sohnes? Der Vers drückte es nochmals aus: *». . . man nennt seinen Namen* [seine eigentliche Wesensart]: *starker Gott, Vater der Ewigkeit . . .«*! Kann da irgendein Zweifel bestehen, daß dies auf einen hinweist, der mehr ist als ein sterblicher Mensch?

Ein weiterer Beweis für Jeschuas göttliche Wesenart stammt von einem Juden, der – ohne jemals das Neue Testament gelesen zu haben – ihm glaubte, daß er der Sohn Gottes sei. Warum sagte Paulus – ein gesetzestreuer Jude vor **und** nach seiner Begegnung mit Jeschua –, daß er ein Gotteslästerer war, bevor er errettet wurde (1Tim 1,13)? Warum bekannte Paulus, daß er andere Gläubige dazu getrieben habe zu lästern (Apg 26,11)? Wir wissen, daß Paulus niemals den Gott Israels gelästert oder andere dazu getrieben hätte. In der Tat war er deshalb ein so eifriger Verfolger dieses neuen Weges, weil er glaubte, daß dessen Anhänger Gott lästerten. Als aber Paulus später begriff, daß Jeschua der Sohn Gottes ist, da konnte er ohne zu zögern bekennen, daß er ein Gotteslästerer gewesen war, bevor er dem Herrn begegnete.

7. Der ewige Gott

Andere Verse, in denen man die Gottheit des prophezeiten Messias erkennt, sind jene, welche aussagen, daß der eine, der kommen wird, ewig sei. Gott kündigt in Micha 5,1 an, daß der Messias, der aus Bethlehem (deutsch: Haus des Brotes) kommen wird, der *»Herrscher über Israel sein soll; und seine Ursprünge sind von der Urzeit, von den Tagen der Ewigkeit her.«* Das für ›Ewigkeit‹ verwandte Wort, *olam*, ist dasselbe Wort, das gebraucht wird, um Gott als ewig zu beschreiben (vgl. 1Mose 21,33; Jes 40,28; Jer 10,10), daher muß es ›ewig‹ bedeuten.

In Ps 45,7 nennt der Psalmist den gesalbten König ›Gott‹ (zitiert in Hebr 1,8–9; so steht es außer Frage, daß der Geist auf den Messias Jeschua hinweist) und stellt fest: *»Dein Thron, o Gott, ist immer und ewig, ein Zepter der Geradheit ist das Zepter deiner Herrschaft . . . darum hat Gott, dein Gott, dich ge-*salbt . . .« Hier nennt der Tenach diesen Gesalbten ›Gott‹ und mißt seinem Thron, d.h. seinem Reich, ewige Dauer zu. (Vgl. auch Ps 93,2; Klg 5,19: *»Du ⟨aber⟩, HERR, bleibst in Ewigkeit, dein Thron von Generation zu Generation.«*)

Johannes beginnt sein Evangelium mit: *»Im Anfang war das Wort, und das Wort war bei Gott, und das Wort war Gott. Dieses war im Anfang bei Gott. Alles wurde durch dasselbe, und ohne dasselbe wurde auch nicht eines, das geworden ist.«* (Joh 1,1–3) Dieser Prolog nennt Jeschua nicht nur ›das Wort Gottes‹, sondern beschreibt ihn auch als den Schöpfer. Das Neue Testament nennt Jeschua an vielen anderen Stellen den Schöpfer:

Eph 3,9: *». . . Gott, der alle Dinge geschaffen hat . . .* [im Messias Jeschua] *. . .«*

Kol 1,16–17: *»Denn in ihm* [Jeschua] *ist alles in den Himmeln und auf der Erde geschaffen worden . . .: alles ist durch ihn und für ihn geschaffen; und er ist vor allem, und alles besteht durch ihn.«*

Hebr 1,1–2: *». . . hat er* [Gott] *am Ende dieser Tage zu uns geredet im Sohn . . ., durch den er auch die Welten gemacht hat . . .«*

Aber der Tenach zeigt sehr klar, daß Gott selbst der Schöpfer ist:

1Mose 1,1: »*Im Anfang schuf Gott die Himmel und die Erde.*«

Jes 45,18: »*Denn so spricht der HERR, der die Himmel geschaffen hat – er ist Gott –, der die Erde gebildet und sie gemacht hat – er hat sie gegründet, nicht als eine Öde hat er sie geschaffen, ⟨sondern⟩ zum Bewohnen hat er sie gebildet –: Ich bin der HERR, und sonst gibt es keinen ⟨Gott⟩.*«

Jesaja 40,28 (»*Ein ewiger Gott ist der HERR, der Schöpfer der Enden der Erde . . .*«) verbindet beides miteinander – den Schöpfer und die Ewigkeitsaspekte Gottes.

Wie können wir dieses scheinbare Dilemma der zwei Schöpfer überwinden? Wir wissen, daß Gott durch sein Wort erschuf, wie es in Ps 33,6 gesagt wird: »*Durch des HERRN Wort sind die Himmel gemacht und all ihr Heer durch den Hauch* [›Hauch‹ bzw. ›Atem‹ heißt im Hebräischen *ruach*, was auch als ›Geist‹ übersetzt werden kann.] *seines Mundes.*« Daher führt uns das zu der Schlußfolgerung, daß Gott, der Vater, durch sein Wort erschuf, welches – fleischgeworden – der Messias Jeschua ist (Joh 1,14), der ebenfalls die Fülle besitzt (Kol 2,9; 1,19).

In Offb 1,8.17.18 und insbesondere in 22,13 verkündigt Jeschua: »*Ich bin das Alpha und das Omega, der Erste und der Letzte, der Anfang und das Ende.*« Vergleicht man diese Verse mit Jesaja 44,6 und 48,12, werden wir erneut mit der Tatsache konfrontiert, daß ». . . *der HERR, der König Israels, und sein Erlöser, der HERR der Heerscharen . . .*« Jeschua ist! Bedenke die Tatsache, daß – wenn er der Erste **und** der Letzte ist – er ewig sein muß.

8. Das Wort Gottes

›Das Wort‹ ist ein Titel, den Johannes in allen seinen Schriften verwendet, um den Messias Jeschua zu beschreiben:

Joh 1,1.14: »*Im Anfang war das Wort . . . Und das Wort wurde Fleisch und wohnte unter uns . . .*«

1Joh 1,1: »*Was von Anfang an war, . . . ⟨das⟩ Wort des Lebens . . .*«

Offb 19,13: ». . . *er ist bekleidet mit einem in Blut getauchten Gewand, und sein Name heißt: Das Wort Gottes.*«

Die Grundlage dafür, den Messias Jeschua mit diesem Titel zu bezeichnen, findet man im Tenach: »*Er sandte sein Wort und heilte sie, er errettete ⟨sie⟩ aus ihren Gruben*« (Ps 107,20). »*. . . so wird mein Wort sein, das aus meinem Mund hervorgeht. Es wird nicht leer zu mir zurückkehren, sondern es wird bewirken, was mir gefällt, und ausführen, wozu ich es gesandt habe*« (Jes 55,11).

Diese zwei Verse allein genügen bereits, um zu erkennen, wie der Tenach den künftigen Repräsentanten von Heilung und Befreiung darstellt, den Gott dem Volk Israel senden mußte. Es mußte sein Wort sein. Johannes schreibt, daß »*das Wort . . . Fleisch (wurde) und . . . unter uns wohnte . . .*«. (Joh 1,14) Auch Johannes legt in seinem Evangelium **40mal** dar, daß Jeschua vom Vater gesandt wurde. Ebendies prophezeite Jesaja über Gottes Wort, nämlich daß es gesandt werden würde. (Vergleiche in dem oben zitierten Vers.)

Wie bereits aufgezeigt, sagt der Tenach, daß die Schöpfung durch das Wort des Herrn erschaffen wurde (Ps 33,6). Ps 119,89 stellt fest: »*In Ewigkeit, HERR, steht dein Wort fest in den Himmeln.*« Diese Verse sagen aus, daß das Wort die schöpferische Kraft war und bereits ewig existiert hat – beides sind Eigenschaften Gottes.

Psalm 119 ist ein wunderschöner Psalm über den großen Reichtum und die Herrlichkeit von Gottes Wort bzw. Gesetz (*Torah* im Hebräischen – im Deutschen gewöhnlich übersetzt mit ›Gesetz‹ – bedeutet eigentlich ›Belehrung‹ und ›Unterweisung‹). Die wörtliche Bedeutung des Textes wollen wir keineswegs schmälern, wenn wir jedoch in diesem Psalm ›Jeschua‹ als Entsprechung für die Wörter ›Wort‹, ›Gesetz‹, ›Gebote‹ usw. einsetzen, dann erkennen wir, daß er die letztendliche Erfüllung vieler dieser Verse ist.

Zum Beispiel wird aus den folgenden Versen deutlich, daß die verkündeten Wohltaten von Gottes ›Gesetz‹, ›Wort‹ usw. auf das hinweisen, was wir in dem Messias Jeschua haben: die Verse 41, 123, 174 (Errettung); 50, 93, 116 (Leben); 74, 116, 147 (unsere Hoffnung); 105, 130 (Licht); 133 (Wegweisung); 137–138 (Gerechtigkeit); 140 (Reinheit); 140, 165, 174 (Liebe zum Wort Gottes); 142, 160 (Wahrheit); 162 (großen Schatz); 165 (großen Frieden); 170 (Befreiung). Zugleich behalten diese Verse ihre wörtliche Bedeutung hinsichtlich Gottes »Gesetz«, d. h. seiner Unterweisung. Schließlich drängt Mose in 5Mose 30,11–14 die Kinder Israel zu erkennen: ». . . *ganz nahe ist dir das Wort, in deinem Mund und in deinem Herzen* . . .«, so daß sie in der Lage sind zu tun, was Gott verlangt. In Verbindung mit dieser Schriftstelle ist es sehr interessant, Auslegungen zu hören von der Lehre des Paulus über *»die Gerechtigkeit, welche aus dem Gesetz kommt«* im Vergleich zu *»der Gerechtigkeit aus Glauben«*, wie man sie in Röm 10,5–8 vorfindet. Nur wenige erkennen, daß Paulus zwei Abschnitte »des Gesetzes« benutzt, um den Unterschied zwischen ›Errettung durch Werke‹ und ›Errettung aus Glauben‹ zu erläutern. Laßt uns dies etwas anders formulieren: Um zu beweisen, daß die Errettung aus Glauben von Gott ist, **zitiert Paulus »das Gesetz« in 5Mose 30,11–14!** Paulus erkannte, daß Gott stets Glauben **und** Werke erwartete und nicht Glauben **in** Werken. Aber manchmal wird Paulus, der messianische Jude, eben mißverstanden!

Abschließende Gedanken

Während wir zum Schluß kommen, müssen wir uns selbst fragen, ob wir durch unsere begrenzte Logik oder durch die Schrift überzeugt werden wollen. Manchmal bereitet das keinen Konflikt, aber bei anderen Anlässen – so z.B. bei der Gottheit des Messias Jeschua – müssen wir erkennen, daß *»anerkannt groß . . . das Geheimnis der Gottseligkeit (ist): (Gott) Der geoffenbart worden ist im Fleisch . . .«*. (1Tim 3,16)

Einer unserer Freunde, ein Bibelschullehrer, hat dieses Thema auf den Punkt gebracht: Wenn wir Jeschua als Gott ansehen – als eins mit dem Vater – dann sind wir Monotheisten und beten einen Gott an. Wenn wir Jeschua als nicht eins mit dem Vater ansehen, dann sind wir Polytheisten und beten zwei Götter an. Es sollte uns nicht entmutigen, wenn wir es schwierig finden, Jeschuas zweifache Wesensart zu begreifen. Im Gegenteil, wir sollten uns freuen, denn die Fleischwerdung ist das größte aller Wunder.

Apg 10,36: *»Das Wort, das er den Söhnen Israel gesandt hat,* *indem er Frieden verkündigte durch Jeschua, den Messias – dieser ist aller Herr . . .«*

Offb 1,8: *»Ich bin das Alpha und das Omega, spricht der Herr, der ist und der war und der kommt, der Allmächtige.«*

1 Theological Wordbook of the Old Testament, Harris, Archer, Waltke, Bd.1, S.30
2 Wycliffe Bible Encyclopedia, Moody Press, Bd.2, S.1174
3 Theological Wordbook of the Old Testament, Harris, Archer, Waltke, Bd.2, S.934
4 Wycliffe Bible Encyclopedia, Bd.2, S.1174
5 Dictionary of New Testament Theology, Hrsg Colin Brown, Bd.2, S.649
6 Evangelical Dictionary of Theology, Elwell, Hrsg., S. 975
7 Wycliffe Bible Encyclopedia, Hrsg. Pfeiffer, Vos, Rea, S. 1531
8 Dictionary of New Testament Theology, Bd. 2, S. 331
9 Evangelical Dictionary of Theology, Hrsg. Elwell, S. 918
10 Wycliffe Bible Encyclopedia, Hrsg. Pfeiffer, Vos, Rea, S. 1447

Dieses Buch wurde in Zusammenarbeit zwischen dem Verlag der Liebenzeller Mission und den »Christlichen Freunden Israels – Deutscher Zweig« (CFI) erstellt. Infos über das vielseitige VLM-Israel-Verlagsprogramm samt weiteren Verlagsgebieten erhalten Sie bei folgender Adresse:

Verlag der Liebenzeller Mission
Postfach 1265
D-75375 Bad Liebenzell
Telefax: 07052/17-267

Der Schwerpunkt der Arbeit von CFI liegt

1. auf der geistlichen und praktischen Unterstützung von Israel und dem jüdischen Volk sowie
2. auf der Unterweisung der Gemeinde Jesu in Deutschland bezüglich Israel durch biblische Lehre, Konferenzen und Seminaren, die Verbreitung aktueller Gebetsanliegen sowie Informationen aus dem Zeitgeschehen in Israel und dem Nahen Osten.

Sollten Sie an weiteren Informationen aus der Arbeit von CFI interessiert sein, wenden Sie sich bitte an:

Christliche Freunde Israels e. V.
Lerchenstraße 37
D-72213 Altensteig
Telefon: 0 74 53 / 5 08 36
Telefax: 07453/50837

Hinweis:
Die einzelnen Kapitel dieses Buches sind von CFI ins Deutsche übersetzt und teilweise einzeln publiziert worden. Diese Reihe der Einzelausgaben wird künftig auf Quartalsbasis fortgeführt. Wer an dem Bezug dieser Quartalsausgaben von Chuck Cohen zum Thema »Wurzeln des Glaubens« interessiert ist, wende sich bitte an das CFI-Büro.

Karl-Heinz Geppert
Israel überlebt
Eine Familie erlebt das Spannungsfeld Nahost
168 Seiten, Bestell-Nr. 77 676

Was geschieht, wenn ein Prediger mit seiner Familie ein Studien-
jahr zur Weiterbildung in Israel einlegt, seine Frau in dieser Zeit
an der berühmtesten Klinik des Landes auf der Intensivstation
tätig ist? Man gewinnt ganz andere, viel tiefere Einblicke als jeder
»normale« Tourist. Zumal wenn man zuerst in der Westbank bei
Bethlehem gewohnt hat. Ein alter Daimler ist auch dabei und spielt
eine dramatische Nebenrolle. Hier erleben Sie Israel von einer
ganz anderen Seite als gewohnt. Dieses Buch bietet eine packende
Mischung von Erlebnissen und Informationen.

Zwei Bücher von Karl-Heinz Fleckenstein

Traumreise durch das Land der Bibel
320 Seiten, Bestell-Nr. 40 005

Der Autor ist ständig mit Reisegruppen in Israel und Westjordan-
land unterwegs und weiß, was die Reisenden an Wissen und Info
brauchen, damit die Begegnung mit dem sogenannten »Fünften
Evangelium«, nämlich dem Land, zu unverlierbaren und kostbaren geistlichen Eindrücken führt. Ein Buch, das jeden Israellieb-
haber faszinieren wird. Wunderschöne Fotos bereichern dieses
Buch.

Israel-Westjordanland-Reiseführer
Land der Bibel – Land der Sehnsucht
216 Seiten, Bestell-Nr. 40 004

Das wunderbare Land, die biblischen Stätten und Städte, interessante Vegetation, außergewöhnliche Landschaften lernen Sie kennen und lieben. Ein sehr gutes Buch für die Vorbereitung einer
Israelreise oder für jeden Israelfreund, der einfach mehr über Israel
erfahren möchte. Der Band führt Sie ganz persönlich mit vielen
Abbildungen in das Land der Bibel.

Wertvolle Geschenkbände über Israel

Hans Steinacker
Jerusalem Schalom
Psalmen von Martin Buber, meisterhafte Fotos von Zev Radovan
36 Seiten, Bestell-Nr. 57 075

Der ansprechend gestaltete Bildband lädt ein zu einer Reise nach Jerusalem. Er zeigt Bilder aus dem Leben und Alltag des jüdischen Volkes, die auf interessante Weise die Psalmen ergänzen. Gerade Bubers Texte, die voller Poesie stecken, bergen überraschende Perspektiven und neue Auseinandersetzungen mit den alttestamentlichen Psalmen. »Jerusalem Schalom« ist ein wertvoller Bildband über eine Stadt, die gerade erst ihr 3000jähriges Bestehen gefeiert hat.

Hans Steinacker
Preiset Jerusalem
36 Seiten, Bestell-Nr. 57 081

»Jerusalem, das ist die Ewigkeit«, sagten die alten Hebräer. In der Tat, die hocherbaute Stadt auf dem Berge Zion ist eine faszinierende Komposition von Bauten und Basaren, Gerüchen und Gesichtern. Wie keine andere vermittelt sie in ihrer beeindruckenden Vielfalt Geschichte und lebendige Kontinuität. Ein Geschenkband für tausend Gelegenheiten, insbesondere Israelfreunde.